项目支持：河北省社科规划项目（HB 15YY051）

出版资助：河北省高等学校人文社会科学重点研究基地经费资助

《汉语大字典》标点订误

杨涛 杨宝忠 著

国家图书馆出版社

图书在版编目（CIP）数据

《汉语大字典》标点订误 / 杨涛，杨宝忠著 . — 北京：国家图书馆出版社，2018.4

ISBN 978-7-5013-6435-0

Ⅰ . ①汉… Ⅱ . ①杨… ②杨… Ⅲ . ①汉语—字典—标点符号—研究 Ⅳ . ① H163

中国版本图书馆 CIP 数据核字（2018）第 086040 号

书　　名　《汉语大字典》标点订误
著　　者　杨　涛　杨宝忠 著
责任编辑　苗文叶
封面设计　翁　涌

出版发行　国家图书馆出版社（北京市西城区文津街 7 号　100034）
　　　　　（原书目文献出版社　北京图书馆出版社）
　　　　　010-66114536　63802249　nlcpress@nlc.cn（邮购）
网　　址　http://www.nlcpress.com
排　　版　九章文化
印　　装　河北三河弘翰印务有限公司
版次印次　2018 年 4 月第 1 版　2018 年 4 月第 1 次印刷

开　　本　880 × 1230（毫米）　1/32
印　　张　7.5
字　　数　143 千字

书　　号　ISBN 978-7-5013-6435-0
定　　价　30.00 元

目 录

前　言

《汉语大字典》[1]是一部以解释汉字的形、音、义为主要任务的大型历史性语文工具书，在字形收录、注音、释义、举证各方面均超越前出字书。该书出版后，受到了社会各界和海内外读者的广泛好评，先后获得国家图书奖、中国图书奖、国家辞书奖等奖项，被列入中华人民共和国常备书[2]，逐渐成为文史工作者的常用工具书。

《大字典》引证（包括书证和例证）丰富，所引书证、例证大多未经整理，没有标点，《大字典》在编纂过程中为这些引用文献加上了标点符号。应当说，《大字典》标点整体水平较高，绝大部分标点准确、恰当；但由于书成众手，加之条件限制，《大字典》仍存在不少标点失误，在一定程度上影响了该书的编纂水平和利用价值。为了使《大字典》不断完善更新，更好地服务社会和广大读者，第二版的修订工作于 1999 年正式启动，由汉语大字典编纂处、四川辞书出版社组织实施。修订工作历时 10 年，《大字典》第二版于

1　以下简称《大字典》。

2　参见王坤宁《〈汉语大字典〉：与时俱进再谱新篇——记〈汉语大字典〉第二版内容修订》，《中国新闻出版报》2010 年 4 月 19 日。

2010年4月正式出版。对于《大字典》原版存在的标点失误，第二版有所纠正，尽管如此，尚有不少标点错误依然保留在第二版中，而且在修订过程中，第二版又出现了一些新的标点错误。

笔者将使用《大字典》第二版过程中发现的部分标点问题稍加整理，撰成《〈汉语大字典〉标点订误》一书。全书订正《大字典》第二版标点失误350条，每条至少存在一处标点失误，有的条目标点失误多至四五处。为便于读者查阅《大字典》、编者再次修订《大字典》时作参考，所有条目依在《大字典》第二版出现的次序编排。

《大字典》第二版标点失误，主要存在以下几种情况：

一、逗号标注问题

《标点符号用法·逗号》："逗号表示句子内部的一般性停顿。"（340）在逗号标注方面，《大字典》第二版主要存在以下几种问题：

1. 逗号不当用而用（不当断而逗断）

第3条："疑即'空'的会意，俗字"，"会意"下逗号不当用。

2. 逗号当用而不用（当逗断而不断）

第83条："诚宜定一代之宏规为万世之彝典"，"规"下当用逗号。

3. 逗号前置（当属上而属下）

第 60 条："今大理國文书至广，右者犹书國作圀"，逗号当标在"者"字下。

4. 逗号后置（当属下而属上）

第 260 条："豹鹄而麋饰下，天子大夫也"，逗号当标作"饰"字下。

5. 逗号误作顿号

第 191 条："瞑、眠、寢、曥并同"，"眠"下顿号当作逗号。

6. 逗号误作句号

第 317 条："凡有所表识，揭而竖之。《周礼》《左传》皆作楬"，"之"下句号当作逗号。

7. 逗号误作分号

第 111 条："乡亭之系曰犴；朝廷曰狱"，当标作"乡亭之系曰犴，朝廷曰狱"。

二、句号标注问题

《标点符号用法 · 句号》："句号表示陈述句末尾的停顿。"（339）在句号标注方面，《大字典》第二版主要存在以下几种问题：

8. 句号当用而不用（当句断而不断）

第 64 条："《升卦》文今作'允'。"当标作"《升卦》文。

今作‘允’”。

9. 句号不当用而用（不当断而句断）

第195条：“杜子春读硍为铿。鎗之铿”，当标作“杜子春读硍为铿鎗之铿”。

10. 句号误作逗号

第81条：《正字通·宀部》：“寘，俗顛字，”当作：《正字通·宀部》：“寘，俗顛字。”

11. 句号误作顿号

第165条：“陇西以犬为猶、獏、毠、毵，皆多毛犬也”，“猶”下顿号当改为句号。

12. 句号误作冒号

第293条：段玉裁注：“见《前（汉书·地理）志》：”当作：段玉裁注：“见《前（汉书·地理）志》。”

13. 句号当标引号外而标引号内

第196条：“《广韵》有‘碰，昌战反，压缯石。’”句号当标在后单引号外。

14. 句号当标引号内而标引号外

第5条：“《山海经》：‘似牛苍黑色’。”句号当标在后单引号内。

三、引号标注问题

《标点符号用法·引号》：“引号标明行文中直接引用的

话。”“引号还用来标明需要着重论述的对象或具有特殊含义的词语。”“引号里面还要用引号时，外面一层用双引号，里面一层用单引号。”“要注意引文末尾标点的使用：凡是把引用的话独立来用，末尾的标点放在引号里边；凡是把引用的话作为作者自己的话的一部分，末尾不用标点。”（343—344）在引号标注方面，《大字典》第二版主要存在以下几种问题：

15. 不当用而用引号

第121条：“此《山海经·北山经》：‘北嚣山之兽也’。”当标作“此《山海经·北山经》北嚣山之兽也”。

16. 后双引号误加

第307条：《方言》卷十：“誺，不知也。”沅澧之间，凡相问而不知，答曰誺。”当作：《方言》卷十：“誺，不知也。沅澧之间，凡相问而不知，答曰誺。”

17. 后单引号误加

第248条：“《说文》：‘幝，幒也，’或作褌。’”当标作“《说文》：‘幝，幒也，’或作褌。”

18. 漏标后双引号

第316条：《五音集韵·感韵》：“鏒，铁器之貌。当标作：《五音集韵·感韵》：“鏒，铁器之貌。”

19. 漏标后单引号

第79条：《康熙字典·广部》：“廗，水名。《魏志·宕昌国传》：‘其地自仇池以西，东西千里，廗水以南，南北八百里。”当标作：《康熙字典·广部》：“廗，水名。《魏志·宕昌国传》：‘其地自仇池以西，东西千里，席水以南，南北八百里。’”

20. 当用双引号而用单引号

第203条：“此字疑为‘鏟’的讹俗字。慧琳《音义》卷七七《释迦谱》第四卷音义：‘鏟，初盏反……《说文》云：‘鏶也。一曰平铁。从金，產声。’《谱》作瞗，误也。’是其证。”当标作：“此字疑为‘鏟’的讹俗字。慧琳《音义》卷七七《释迦谱》第四卷音义：‘鏟，初盏反……《说文》云：“鏶也。一曰平铁。从金，產声。”《谱》作瞗，误也。’是其证。”

21. 后引号前收

第43条：“《辵部》：‘邎，不行也’，读若住。”当标作：“《辵部》：‘邎，不行也。读若住。’”

22. 后引号后延

第33条：“‘去骨曰剔，去节曰剒。凡剔去毛髮爪甲亦谓之剒。’”，当标作“‘去骨曰剔，去节曰剒。’凡剔去毛髮爪甲亦谓之剒。”

23. 前引号前扩

第54条：“佛经‘居唛伽’，此云李”，当标作：佛经“‘居唛伽’，此云李”。

24. 两条引文混为一条

第249条：“《说文》：‘程，品也。又云䵵，爵之次弟也。’”当标作“《说文》：‘程，品也。’又云：‘䵵，爵之次弟也。'"

25. 单引号漏标

第250条："此对以絮曰襺，以缊曰袍言也"，当标作"此对'以絮曰襺，以缊曰袍'言也"。

26. 单引号误标

第209条："'亦音稳。'大坐亦稳也"，当标作"亦音稳。大坐亦稳也"。

四、专名号标注问题

《标点符号用法·专名号》："专名号表示人名、地名、朝代名等。""专名号只用在古籍或某些文史著作里面。"（349）《大字典》引用古书，对于引文出现的人名、地名、朝代名等，标注专名号。在专名号标注方面，《大字典》第二版主要存在以下几种问题：

27. 非专名标注专名号

第281条："乐作言产兼沂巢"，"沂巢"专名号当删。

28. 专名未标专名号

第99条："生云中川谷"，"云中"当标专名号。

29. 专名号后延

第217条："梁四公子"，当标作"梁四公子"。

30. 专名号前扩

第283条："张敖王赵"，当标作"张敖王赵"。

31. 专名号前缩

第 289 条："郭训《古文奇字》"，当标作"郭训《古文奇字》"。

32. 专名号后缩

第 96 条："酒树出典逊国"，当标作"酒树出典逊国"。

33. 专名号前扩后缩

第 127 条："有戴氏之国"，当标作"有戴氏之国"。

34. 专名号误连

第 110 条："秦柳、周康"，当标作"秦、柳、周、康"[1]。

35. 专名号误断

第 104 条："夏禹栉风沐雨"，当标作"夏禹栉风沐雨"。

36. 专名号标注混乱

第 184 条："铅山王缙簪"，当标作"铅山王缙簪"。

五、书名号标注问题

《标点符号用法·书名号》："书名号标明书名、篇名、报刊名等。""书名号的里边还要用书名号时，外边一层用双书名号，里边一层用单书名号。"（349）在书名号标注方面，《大字典》第二版主要存在以下几种问题：

---

1 顿号可省。

37. 书名漏标书名号

第 70 条："篇韵皆有幅无帕"，当标作"《篇》《韵》皆有幅无帕"。

38. 非书名误标书名号

第 225 条："古音并在《幽部》"，当标作"古音并在幽部"。

39. 专名误标书名号

第 179 条："出《陆善经》《字林》"，当标作"出陆善经《字林》"。

40. 书名误标专名号

第 315 条："即春秋所谓錫穴"，当标作"即《春秋》所谓錫穴"。

41. 两书标为一书

第 150 条："此沿《篇韵》而失考也"，当标作"此沿《篇》《韵》而失考也"。

42. 一书标为两书

第 310 条："引《春秋》《国语》"，当标作"引《春秋国语》"。

43. 后书名号前收

第 210 条："《江西经》音含、视二音"，当标作"《江西经音》含、视二音"。

44. 后书名号后延

第 298 条："许氏《说文注》"，当标作"许氏《说文》注"。

45. 前书名号后缩

第 299 条："汉《地理志》"，当标作"《汉·地理志》"或"《汉（书）· 地理志》"。

46. 前书名号前扩

第 234 条："《书》,《逸书》也"，当标作"《书》，逸《书》也"。

六、顿号标注问题

《标点符号用法·顿号》："顿号表示句子内部并列词语之间的停顿。"（341）在顿号标注方面，《大字典》第二版主要存在以下几种问题：

47. 顿号当用而不用

第 134 条："夷姓又别有荼、只、伽、卡、阿、绞、辿、訾矣"，"訾"下当用顿号。

48. 顿号不当用而用

第 199 条："故宫本、敦煌本、《王韵》、《唐韵》均从肉作胖"，"敦煌本"下顿号当删。

49. 顿号误作逗号

第 267 条："荏，戎声相转也"，"荏"下逗号当作顿号。

50. 顿号误作句号

第 161 条："牆，音色。墙"，"色"下句号当作顿号。

七、分号标注问题

《标点符号用法 · 分号》:“分号表示复句内部并列分句之间的停顿。”“分号表示的停顿比逗号大,主要用来隔开并列的分句。”(342)在分号标注方面,《大字典》第二版主要存在以下几种问题:

51. 分号误作逗号

第32条:“悠悠旷刦,凭慧力而靡偏,亹亹恒沙,譬福聚而无尽”,当标作“悠悠旷刦,凭慧力而靡偏;亹亹恒沙,譬福聚而无尽”。

52. 分号误作顿号

第235条:“从人、匕,象簪形”,当标作“从人;匕,象簪形”。

53. 分号漏标

第206条:《龙龛手鉴 · 田部》:“畾,或作晶,正。田间地。”当标作:《龙龛手鉴 · 田部》:“畾,或作;晶,正。田间地。”

八、冒号标注问题

《标点符号用法 · 冒号》云:“冒号表示提示性话语之后的停顿,用来提起下文。”“此外,在总括性话语之前也可以用冒号,以总结上文。”(342—343)在冒号标注方面,《大字典》第二版主要存在以下几种问题：

54. 冒号当用而不用

第 84 条：“屎，《广雅》猝也”，“《广雅》”下当用冒号。

55. 冒号不当用而误用

第 158 条：“吕种玉《言鲭》：‘俗以网兜物曰揎兜’即此”，“《言鲭》”下冒号当删。

56. 冒号后移

第 109 条：“郑樵《通志》云檥：子，一名食茱萸”，冒号当标在“云”字下。

57. 冒号误作逗号

第 148 条：“《说文先训》曰，古志叙州驿名浸川”，当标作“《说文先训》曰：古志叙州驿名浸川”。

九、其他标注问题

58. 间隔号漏标

第 173 条：“《史记王子侯表》”，标点当作“《史记·王子侯表》”。

59. 间隔号误标

第 27 条：“《孝经·钩命决》”，标点当作“《孝经钩命决》”。

60. 圆括号漏标

第 344 条：“有点丁破反叶夭折之患”，“丁破反”当标圆括号。

61. 圆括号前扩

第 175 条:“(向秀)、郭(象)云”,当标作“向(秀)、郭(象)云”。

62. 省略号使用不当

第 74 条:“颜师古注云:‘……赫蹏、擊蹏、繫緀并与幱幭同。’”当作“颜师古注云:‘今书本赫字或作擊。’……赫蹏、擊蹏、繫緀并与幱幭同。”

63. 省略号失误

第 252 条:“…云‘犬,白犬皮’者”,省略号当作“……”。

十、综合失误

一段文字存在多种标点符号标注失误者,称作“综合失误”。如:

64. 第 259 条:《字韵合璧·米部》:“粖,《字林》云:‘绣文如聚米,书粉米絺绣。’《韵文》作絉。”当标作:《字韵合璧·米部》:“粖,《字林》云:‘绣文如聚米。’《书》:‘粉米絺绣。’《韵》文作絉。”

我们在这里指出《大字典》存在的标点问题,并无意否定《大字典》的编纂质量和水平。毋庸置疑,《大字典》仍是当今编纂水平最高、利用价值最大的大型语文工具书。若想使之成为传世精品,仍需在包括标点符号在内的诸多方面下大力气不断进行修订与完善。

由于编者能力有限，书中错误在所难免，恳请读者批评指正。

杨宝忠

2018 年 3 月

凡 例

一、本书以《汉语大字典》第二版标点失误为订正对象，凡《大字典》原版标点失误已为第二版修正者，本书不作讨论。

二、标点失误为《大字典》第二版所独有者，摘录标点失误所在语段，并括注所在页码与栏目；标点失误为第二版所承袭原版者，据第二版摘录相关语段，并注明原版、第二版页码与栏目。原版页码和栏目居“/”之前，第二版页码和栏目居“/”之后。

三、《大字典》原版、第二版每页分作左右两栏，左栏以A代替、右栏以B代替。

四、摘录《大字典》标点失误所在语段，“（一）（二）（三）……”表示第一音项、第二音项、第三音项等；“①②③……”表示第一义项、第二义项、第三义项等。

五、本书订正《大字典》标点失误350条，依在《汉语大字典》第二版出现先后排序。

六、一个语段存在多处标点失误者，统归一条，每处标点失误为一个自然段；首处用“按”，其余用“又”标识。

七、《大字典》人名、地名等标注专名号，本书援引《大字典》，凡与标点失误无关者，原书专名号从省。

八、《篇海》“俗字背篇”“并了部头”“对韵音训”皆非书名，《大字典》皆标为书名，此类问题，本书略举数例说明，不逐一列出。

九、本书用简体汉字录入，酌用繁体。所用繁体包括《通用规范汉字表》以外者、说解字形为繁体者、简体有歧义异读者以及充当部首者。

十、本书引文“（ ）”中的字是前面出现的俗讹字的正字，“〔 〕”中的字是补出引文省略的字。

检字表

1. 丘，同“丘”。……《道藏·洞灵经》：“黄帝得常仙，封鸿鬿容丘。”（12B/14A）

按：“常仙”“封鸿”“鬿容丘”应标为三个专名，三人皆黄帝大臣。《亢仓子·贤道篇》：“昔者黄帝得常仙、封鸿、鬼容丘。”唐何粲注：“三人，黄帝臣也。”此其证。《大字典》“封鸿”漏标专名号，“鬿[1]容丘”专名号仅标在“容丘”二字下，不知是以为人名还是地名。

又：“常仙”“封鸿”“鬿容丘”为并列词组，做“得”的宾语，“仙”下逗号当删。

2. 北，同“丘”。《玉篇·北部》：“北，虚也，聚也，冢也。业、丘并同北。”（17B/19B）

按：《玉篇·北部》：“北，去留切。虚也，聚也，冢也……”接云：“业、丘，并同上。”《玉篇》“业、丘”为被释字，“并同上”为说解文字，标点当作“业、丘，并同上（《大字典》此类用法的“上”字一般改为上文出现的被释字）”。《大字典》标点作“业、丘并同北”，混正注文为一，

1 古“鬼”字。

欠妥。

3. 𠄟，kōng《字汇补·卜部》："𠄟，苦红切，音空。义阙。"按："空"谓天空，即地之上、天顶之下也。"𠄟"，疑即"空"的会意，俗字。（19B）

按："按"字以下，乃《大字典》第二版参考张涌泉《汉语俗字丛考》（以下简称《丛考》）之说新增。《丛考》云："……据《篇海》提供的音切，此字疑即'空'的会意俗字。'空'谓天空，即地之上、天顶之下也。"（5）张氏以为"𠄟"是"空"的俗字，而"𠄟"是用会意的方法造的字，故于"俗字"前加"会意"二字。《大字典》于"会意""俗字"间施加逗号，非是。

4. 弫，同"弗"。《改并四声篇海·弫部》引《并了部头》："弫，古文弗字。"（25A）

按：韩道昭《篇海》在王太《类玉篇海》基础上编纂而成[1]，《类玉篇海》在今本《玉篇》基础上编纂而成。《玉篇》《类玉篇海》原有部首 542 部，韩道昭《篇海》归并掉《类玉篇海》542 部中的 121 个部首，止剩 421 部；又依《龙龛》增补 23 部，故《篇海》部首共 444 部。《篇海》将原属被归并部首的字并入其他部首，另将少量归部不当的字做了更改，此即书名《改并四声篇海》之"改并"。"改并"了

1 参看梁春胜《〈从类玉篇海〉到〈四声篇海〉》，《中国典籍与文化》2004 年第 2 期。

部首的字，《篇海》在该字之上标注“⊕”，“⊕”代替“并了部头”。成化本《篇海》卷十三《亞部》“并了部头”：“亞，古文弗字。元在丿部，今改于此。”（808下）泰和本、正德本、万历本“亞”并作“亞”。《新修玉篇》卷十五《丿部》引《玉篇》：“弗，甫勿切。挢也，不正。《说文》云：挢也。又符弗切，佛郁。亞，甫勿切。古文。”今本《玉篇·丿部》：“弗，甫勿切。挢也，不正也。《说文》云：挢也。亞，古文。”《万象名义·丿部》：“䒥，古弗。”（289下）《古文四声韵·物韵》载《古尚书》“弗”作“𢎗”，引崔希裕《纂古》作“弜”“亞”。“亞”“亞”“亞”“亞”“䒥”“弜”乃一字之变。《篇海》《新修玉篇》皆以《类玉篇海》为基础编纂而成，据《新修玉篇》，“亞（亞、亞）”字《类玉篇海》收在《丿部》，韩道昭以“亞”字收在《丿部》不当，故以形近改归《亞部》，并在字头之上标注“⊕”[1]，注文中说明“元在丿部，今改于此”。“⊕（并了部头）”并非字书，《大字典》“并了部头”标注书名号，非是。

5. 𠒎，同“兕”。《改并四声篇海·辛卯重编增改杂部》：“𠒎，徐死切。《山海经》：‘似牛苍黑色’。郭璞曰：‘一角，重千斤者。’”（35A）

按：《标点符号用法·引号》：“要注意引文末尾标点的使用：凡是把引用的话独立来用，末尾的标点放在引号里边；

1 泰和本误作“⊕”，“⊕”代替“俗字背篇”。

凡是把引用的话作为作者自己的话的一部分，末尾不用标点。”（344）《篇海》引《山海经》“似牛苍黑色”属于直接引文，独立来用，引文末尾的句号应标在后单引号之内。

又：《山海经》“似牛”谓兕之形状，“苍黑色”谓兕之毛色，“似牛”下当加逗号。

6. 么，（一）yāo《改并四声篇海》引《俗字背篇》伊雕切。同“幺”。（33A/37B）

按：《篇海》“俗字背篇”是指“由原见于正字注文中的变体转来的字或韩氏所增的俗字”[1]。《篇海》卷六《丿部》“俗字背篇”：“[illegible]，音张，姓也，义同。俗用。么，伊雕切。俗用字。𠃌，音厘。十毫也。俗用字。”“[illegible]”“么”“𠃌”三字为韩道昭新增俗字[2]，故于“[illegible]”字之上标注“⊕”号。“俗字背篇”并非书名，《大字典》标注书名号，欠妥。

7. 尯，《直音篇·九部》：“尯，渠巨二音。”（44A）

按：“渠”“巨”二字并列，根据《标点符号用法》与《大字典》标点体例，二字中间当用顿号。《大字典》“䀮”字注云：“同‘𥈆’。《龙龛手鉴·目部》：‘䀮，荒、忙二音，目不明也。’”（2659B）又“晗”字注云：“《龙龛手鉴·目部》：‘晗，《江西经》音[3]含、视二音。’”（2492A/2667B）“荒”“忙”

---

1 参见杨宝忠《疑难字考释与研究》下编，北京：中华书局2005年，689页。

2 《新修玉篇·丿部》不收此三字。

3 “音”字当标在书名号内。

与“含”“视”之间皆用顿号，是也。

8. 阫，同“坏（坯）”。《集韵 · 灰韵》：“坏，《尔雅》：‘山一成’，或作阫。”（41B/47B）

按：《集韵》引《尔雅》“山一成”释“坏”字之义，引文相对独立，“成”字后逗号当改为句号并移于后单引号之内。

9. ∴，同“伊”。《字汇 · 丶部》：“∴，佛书伊字。”《大般涅槃经 · 寿命品》：“何等名为秘密之藏，犹如∴字三点。若并则不成伊，纵亦不成。如摩醯首罗面上三目，乃得成伊三点，若别亦不得成。”（42B/48B）

按：“何等名为秘密之藏，犹如∴字三点。若并则不成伊，纵亦不成。如摩醯首罗面上三目，乃得成伊三点，若别亦不得成”标点当作“何等名为秘密之藏？犹如∴字。三点若并则不成伊，纵亦不成；如摩醯首罗面上三目，乃得成伊；三点若别亦不得成”。“何等名为秘密之藏”为疑问句，句末逗号当改为问号。

又：隋净影寺沙门释慧远述《涅槃义记》卷二：“若正应言三点若并则不成伊，纵亦不成，三点若别亦不得成；如摩醯首罗面上三目乃得成伊。”远法师撰《大乘义章》卷十八：“如世伊字，三点别分则不成伊，三点合聚乃得成伊。”《大字典》引《大般涅槃经》“若并则不成伊，纵亦不成”“若别亦不得成”主语为“三点”，两处“三点”皆当属下读。

又：“三点若并则不成伊，纵亦不成”“如摩醯首罗面上三目，乃得成伊”“三点若别亦不得成”为并列复句，“纵亦不成”“乃得成伊”下均当用分号。

10. 心，diān《改并四声篇海》丁兼切。姓。《改并四声篇海·心部》引《俗字背篇》：“心，姓也。”（42B/48B）

按：“俗字背篇”并非书名，“引”字当删，书名号当改为双引号。

又：历代字书均不设“心部”，“心”字《篇海》收在《心部》。《大字典》引《篇海》“心部”当是“心部”之误。《大字典》引《篇海》“俗字背篇”误标书名号者尚有“乚”字等。

11. 胔，安要二字。《改并四声篇海·必部》引《类篇》：“胔，安要二字。”（53A）

按：《新修玉篇》卷三十《龙寃馀部》引《类篇》“胔”字说解同《篇海》。“安要二字”谓“胔”字既同“安”，又同“要”[1]，“安”“要”二字并列，中间当用顿号。

12. 也，（二）yě《广韵》羊者切，上马以。歌部。⑧姓。《万姓统谱·马韵》：“明也伯，先怀宁人，洪武初岁贡，任训导。”（50B/58A）

按：“也伯先”三字当连读，标注专名号，此人姓也名伯先。清·嵇璜撰《续通志》卷八十七《氏族略》：“也，明也伯先，任训导。”《正字通》：“也，……又姓，明洪武初训

1 “安”“要”二字皆无由变作“胔”，《篇海》《新修玉篇》之说恐不足信从。

导也伯先。”此其证。如《大字典》所标专名号，则是其人姓也名伯，祖先为怀宁人。当误。

13. 乹，同“乹（乾）”。清陈鸿墀《全唐文纪事·订谬三》：“有唐广明元年僧茂乹述大唐楞伽殿后《重修吴朝大井记》。”（56A/64B）

按：楞伽寺又名宝积寺。宋·范成大撰《（绍定）吴郡志》卷九（《择是居丛书》景宋刻本）：“楞伽寺今名宝积寺，与治平为邻。又知古只一寺，井正在楞伽殿后也。”茂乾所述记文名称当是《大唐楞伽殿后重修吴朝大井记》，茂乾为唐人，故称唐代为“大唐”；《大字典》标为《重修吴朝大井记》，欠妥。

14. 昉，同“房”。《字汇补·方部》：“昉，古房字。汉《隶释》曰：《博物志》，城固县壻乡有唐公昉，得道升仙。”（72A/83B）

按：宋·洪适《隶释》卷三《仙人唐公房碑》释云：“唐君字公房，王莽时人也。《博物志》云：城固县壻乡有唐公昉，得道，鸡犬皆升仙……《后汉〔书〕·〔郡国〕志》云：褒中有唐公防祠。盖隶法房字其户在侧，故人多不晓，或作防，或作昉，皆误也。”此《字汇补》所本。《字汇补》书名标“〔 〕”号，“汉隶释”三字标为书名（542 下），是也。《汉隶释》即宋·洪适《隶释》。以《唐公房碑》为汉碑，故吴任臣称作《汉隶释》。《大字典》“汉”字标在书名号外，则是《隶释》为汉代人所著之书，殊误。

15. 匬，《说文》："匬，瓯，器也。从匚，俞声。"徐锴系传"瓯"作"瓯匬"。段玉裁注："瓯、匬二字为名，则非瓯也。"（88B/102A）

按：段玉裁"瓯匬二字为名则非瓯也"标点当作"'瓯匬'二字为名，则非'瓯'[1]也"，意谓"瓯匬"是一个双音节词，与单音节词"瓯"所指不同，此段氏所谓"凡合二字为名者，不可删其一字以同于他物"也[2]。《大字典》原版引段注"瓯匬"二字中间不用顿号（88B），是也。

16. 亶，同"叀（專）"。《改并四声篇海·乚部》引《并了部头》："亶，古文叀字。"（94B/108A）

按："并了部头"并非书名，"《改并四声篇海·乚部》引《并了部头》"当改为"《改并四声篇海·乚部》'并了部头'"。

17. 兮，《说文》："兮，语所稽也。从丂、八，象气越亏也。"（241B/117B）

按："从丂八象气越亏也"标点当作"从丂；八，象气越亏也"，"丂"为成字部件，参与构字，故言"从丂"，"八（非数字"八"）"为不成字部件，故言"象气越亏也"。"八"

---

1 为版面整洁，"瓯匬""瓯"引号亦可从省；但省与不省，全书当统一。

2 见《说文》一篇下"苦"字段注。上海：上海古籍出版社 1981 年，27 页上栏。

与“丂”处于同一地位，“八”下用了逗号，故“丂”下当用分号。“象气越亏也”者为“八”，若《大字典》标点，则“丂”“八”均“象气越亏也”。许书通例，构形部件成字者，必曰从某[1]；其不成字者，说解体例有四：举其部件，说明所象者，一也。《说文》七篇下：“巾，从冂；丨，象系也。”“巾”字垂笔非“上下通”之“丨”字，不成字，故不言从。“丨”，举其部件；“象系也”，说明所象。此其例。省其部件，说明所象者，二也。《说文》五篇上：“乎，从兮；象声上越扬之形也。”“象声上越扬之形也”，说明所象；首笔“丿”不成字，省而不出。以方位词代指部件，说明所象者，三也。七篇下：“耑，上象生形，下象根也。”山、而皆不成字，分别以方位词“上”“下”代之，而后说明所象。描写部件，说明所象者，四也。一篇上：“示，从二；三垂，日月星也。”“示”字下部不成字，用“三垂”描写之，而后说明所象。参看杨宝忠《〈说文解字注〉句读识误》（《河北大学学报》2000年第5期）。

18. 谷，同“谷”。《改并四声篇海 · 八部》引《并了部头》：“谷[2]，《说文》曰：‘口上呵也，从口，上象其理。’”按：《说文》大徐本作“谷”。（244B/121B）

按：《玉篇》542部，韩道昭改并121部，剩余421部；

1 见《说文》五篇下“亼”字段注，222页下栏。

2 谷，当依《篇海》作“谷”。

又据《龙龛》增补23部，成《篇海》444部。从被改并的部首转来的字，在《篇海》中标注“并了部头”，用“⊕”代替[1]。《大广益会玉篇·谷部》：“**谷**[2]，渠略切。《说文》云：口上阿也，从口，上象其理。”（27下）“谷部”是《篇海》改并掉的部首，“谷”字改归《八部》。《篇海》卷六《八部》“并了部头”：“谷，渠略切。《说文》曰：‘口上呵[3]也。从口，上象其理。’”说解即本今本《玉篇》。《大字典》引《篇海》“并了部头”字，“并了部头”皆标书名，非是。

19. 仺，同“倉”。《说文·倉部》：“仺，《奇字》倉。”（142B）

按：《说文解字·叙》：“奇字，即古文而异者也。”“奇字”非书名，《大字典》原版不标书名号（116B），是也；第二版标注书名号，欠妥。《大字典·言部》“詸”字下引《正字通》“詸，俗救字。《奇字》救作詸”（3974A—B/4234B），“奇字”书名号亦当删。《大字典·火部》“無”字下引《说文》“无，奇字无[4]”，“奇字”不加书名号，是也。

20. 仲，zhòng《广韵》直众切，去送澄。冬部。⑤姓。《通志·氏族略四》：“仲氏，高辛氏才子八元，仲堪、仲熊之后；

---

1 参见杨宝忠《疑难字考释与研究》下编，北京：中华书局2005年，688—689页。

2 四部丛刊本作“㕢”。

3 呵，泰和本作“阿”，是也。

4 “奇字无”之‘无’当作“無”。

又仲虺为汤左相，其后并为仲氏。”（121B—122A/154A—B）

按：《左传·文公十八年》：“高辛氏有才子八人：伯奋、仲堪、叔献、季仲、伯虎、仲熊、叔豹、季狸，忠肃共懿，宣慈惠和，天下之民谓之八元。”“高辛氏才子八元”为“仲堪、仲熊”之定语，“元”下逗号当删。

21. 佽，（二）cì《洪武正韵》七四切。姓。《洪武正韵·寘韵》：“佽，《荀子》注云，荆有佽飞，得宝剑于干越。”（125A/157B）

按：《荀子·劝学篇》：“于[1]越夷貊之子，生而同声，长而异俗，教使之然也。”唐·杨倞注：“于越，犹言吴越。《吕氏春秋》：荆有佽飞，得宝剑于于越。”“佽”即“佽”字之误。“荆有佽飞，得宝剑于干越”乃《洪武正韵》引《荀子》杨倞注语[2]，“《荀子》注云”下逗号当改用冒号。

22. 佅，mài《广韵》莫话切，去夬明。①我国古代东部少数民族的乐名。……《文选·班固〈东都赋〉》：“僸佅兜离，罔不具集。”李善注：“东夷之乐曰佅。”（129A/162A）

按：《大字典》“僸”字下引《文选·班固〈东都赋〉》“僸佅兜离，罔不具集”，“僸”“佅”“兜离”俱不标专名号（223B/263B）；“任”字下引《文选·左思〈吴都赋〉》“登东歌，操南音，胤阳河（当作“阿”），咏韎任”刘渊林注：

1 一作“干”，注同。

2 《洪武正韵》“《荀子》注云”当作“《荀子》注引《吕氏春秋》云”。

"任，南乐名。""韎""任"亦不标专名号（123B/156B），并是也。《文选·班固〈东都赋〉》李善注："《孝经钩命决》曰：东夷之乐曰佅，南夷之乐曰任，西夷之乐曰林（株）离，北夷之乐曰僸。毛苌《诗》传曰：东夷之乐曰韎，南夷之乐曰任，西夷之乐曰朱离，北夷之乐曰禁。然说乐是一，而字并不同，盖古音有轻重也。""僸（或作'禁''伶'）""佅（或作'韎''昧'）""兜离（或作'株离''朱离''侏離'）"乃分别为北、东、西少数民族之乐名，《大字典》"佅"字下引《东都赋》"兜离"一乐标为一个专名，"僸""佅"两个乐名标为一个专名，皆非是。

23. 何，（二）hé《广韵》胡歌切，平歌匣。歌部。⑦姓。《通志·氏族略二》："何氏，姬姓，唐叔虞裔孙韩王安，为秦所灭，子孙分散江、淮，以韩为何氏。"（130B/163B）

按："唐叔虞裔孙韩王安"为"为秦所灭"之主语，"安"下逗号当删。

24. 佖，bì《广韵》毗必切，入质并。又房密切。质部。①媟嫚；无威仪。《说文·人部》："佖，威仪也。《诗》曰：'威仪佖佖。'"段玉裁注："此当作'威仪媟嫚'也。《小雅·宾之初筵》曰：'威仪怭怭'，传曰：'怭怭，媟嫚也'，许所据作'佖佖'，自夺'媟嫚'字，《韵会》、《广韵》径注云'有威仪矣'。"（139B/173A）

按：《说文》段注"威仪怭怭"为《诗·小雅·宾之初筵》诗句，引文相对独立，其后逗号当改为句号并移于后单引号之内。

又："怭怭，媟嫚也"为段玉裁引毛传语，亦为直接引用，"也"后逗号亦当改为句号并移于后单引号之内。

25. 傉，nù ㊀《广韵》内沃切，入沃泥。姓名用字。《玉篇·人部》："傉，虏三字姓有库傉官。《广韵·沃韵》："傉，虏三字姓有库傉官氏。"（240B）

按："库傉官[1]"，三字姓，《魏书》有"库傉官韬""库傉官斌""库傉官昌""库傉官提""库傉官女生"等。《大字典》引《玉篇》"库傉官"三字下标注专名号，是也；引《广韵》则专名号只标注在"库傉"二字下，非是。《大字典》原版引《广韵》专名号标在"库傉官"三字下（202A），不误。

26. 㑽，人名用字。《字汇补·魚部》："㑽，音未详。人名。弘农王倪㑽。"（4674B/252A）

按：原版"王"字下转行，第二版"农"字下转行，皆"弘农"二字下标专名，"王倪㑽"三字下标专名，是以"弘农"为地名，"王倪㑽"为人姓名，非是。《字汇补》"弘农王倪㑽"当读作"弘农王倪㑽"，"倪㑽"为明宗室，自是姓朱，弘农王乃其封号也。《大字典》以"王倪㑽"连读，则是以"王"为姓，非是。

27. 僸，jìn《广韵》居荫切，去沁见。又牛锦切。侵部。①我国古代北方少数民族乐曲名。……李善注："《孝经·钩

---

1 《元和姓纂》"官"作"管"。

命决》曰：'……北夷之乐曰僸。'"（223B/263B）

按：《孝经钩[1]命决》为《孝经》纬书之一，"钩命决"非《孝经》篇名，中间不当标间隔号。

28. 免，（一）miǎn《广韵》亡辨切，上狝明。元部。⑮姓。《通志·氏族略四》："免氏，姬姓。《左传》卫有免馀，卫公孙也。汉有免乙，为上郡太守。"（270B—271A/295B）

按：《左传·襄公二十七年》云："卫宁喜专，公患之，公孙免馀请杀之。"杜预注："免馀，卫大夫。"又云："乃与公孙无地、公孙臣谋，使攻宁氏。"杜预注："二公孙，卫大夫。"据此，公孙当是复姓，免馀、无地、臣皆其名也。《万姓统谱》卷一百二十五："公孙免馀，卫大夫。献公时宁喜专，公患之，公孙免馀请杀之。乃与公孙无地、公孙臣谋，使攻宁氏。弗克，皆死。公曰：臣也无罪，父子死余矣。免馀复攻宁氏，杀宁喜及右宰縠，尸诸朝。"亦以公孙免馀复姓公孙。《通志·氏族略五》："公孙氏，春秋时诸侯之孙亦以为氏者曰公孙氏，皆贵者之称。或言黄帝姓公孙，因亦以为氏。"《大字典》引《通志·氏族略四》标点作"《左传》卫有免馀，卫公孙也"，则是以免馀为卫公（当时卫国国君为献公）之孙，非是；当标点作"《左传》卫有免馀，卫公孙也"，谓免馀乃卫国贵族。王树民点校本《通志》标点作"卫公孙也"，标点不误。

1 《隋书·经籍志》"钩"作"勾"。

29. 兖，同“兗”。《正字通·儿部》：“兗，俗从公，作兖。”（285B/314B）

按：“俗从某作某”乃字书、字样书说明正俗关系常用的表达方式，“公”下逗号当删。

30. 卣，“遺”的讹字。《正字通·亠部》：“卣，旧注，《石鼓文》：‘其來卣卣’，薛作首，郑作逌，即卤字。”按：《石鼓文》作“其来遺遺。”“遺遺”，指车马行进声。《正字通》据旧本隶定作“卣”误。（287A/315B）

按：《正字通》为正梅膺祚《字汇》而作，该书所谓“旧注”，皆指《字汇》注文。《字汇·亠部》：“卣，周宣王《石鼓文》：其来卣。薛作首，郑作逌，即直（卤）字。”（431下）此《正字通》所本。“其来卣[1]”为《字汇》引《石鼓文》，其后逗号当改为句号置于后单引号内[2]，《大字典》标作逗号，且置于后单引号之外，欠妥。

又：《大字典》按语下《石鼓文》作“其來遺遺。”此编者陈述语，“遺”后句号当标在后双引号之外。

又：《正字通·亠部》：“卣，旧注：《石鼓文》：‘其來卣卣。’薛作首，郑作逌，即卤字。按《石鼓》宋潘廸音训，薛尚功、郑樵释义颇牵合失实。焦竑《略记字始》载《石鼓文》凡一百二十余字，有音无义，讹者益众。皆不足信。阙，

---

1 “卣”字当依《正字通》作“卣卣”。

2 亦可保留逗号，删去《石鼓文》下冒号。

可也。六书卣音攸，气行貌，俗作逌。卤，音条，草木实垂貌，俗作卣。卣即卤之讹，薛、郑二说非确诂也。”（51下）《大字典》引《正字通》“旧注”以下至“即卣字”皆《字汇》注文，《正字通》“按《石鼓》宋潘廸音训”以下方为《正字通》编者语，《大字典》谓“《正字通》据旧本隶定作‘卣’误”，此既不知《正字通》所谓“旧注”乃《字汇》注，又不知“卣”字始见《字汇》也。

又：“《正字通》据旧本隶定作‘卣’误”，“误”字前当用逗号。

31. 㚞，梵语音译字。《字汇补·夕部》：“㚞，此梵音，切身也。见《藏经》。”（316A）

按：“此梵音切身也”当连读，意谓这个字是记录梵音的切身字。“切身字”一词始见五代后晋·可洪《新集藏经音义随函录》，其卷三云：“萨䛀，下多也反，此是切身字也。字从言，音多，古文多字也。《宝星经》作萨底是也。应和尚以陁字替之，徒多反，非也。郭氏音陁，非也。”（59册623下）同卷又云：“𧩹勒，上多来反，此亦切身字也。字从言，从来，与𪏮字同呼，《宝星经》作底㡿。又应和尚以膝字替之，私七反，非也；郭氏音来，亦非也。”（59册624上）顾炎武《音论·南北朝反语》：“赵宧光曰：释典译法，真言中此方无字可当梵音者，即用二字聚作一体，谓之切身。”可洪《新集藏经音义随函录》卷七：“𩎂𩏒𩎚𩏄𩎌𩎎𩎈𩍢𩏋𩍿𩎍，已上十一字总是三藏所撰，并左为切，右为韵。”（59 册 788 中）为了收录切身字，《龙龛》还为此类字设立了卑部、夜部、寧部、亭部、名部等，这些部首本来是中国传世字书所没有的。如:《卑部》:“⿰卑也，卑也反。⿰卑孕，卑孕反。”《寧部》:“⿰寧吉，寧吉反。⿰寧也，寧也反。⿰寧壹，寧壹反。⿰寧立，寧立反。”《亭部》;“⿰亭匠，亭匠反。⿰亭音，亭音反。⿰亭夜，亭夜反。响梵音。⿰亭单，亭单反。响梵音。”《名部》:“⿰名夜，名夜反。⿰名养，名养反。⿰名也，名也反。皆咒中字。”《夜部》:“⿰丁夜，丁夜反。⿰亭夜，亭夜反。⿰名夜，名夜反。”切身字只有记音功能，无实义。《玉篇·尾部》:“⿸尾孕，尾孕切。出释典。⿸尾曳，微[1]曳切。出释典。”“⿸尾孕”、“⿸尾曳”亦切身字，《字汇》释“⿸尾孕”为初孕、释“⿸尾曳”为尾长，皆望形生训，不可信。《大字典》原版云：⿰丁夜，diè《龙龛手鉴》丁夜切。梵语音译字。自身。《字汇补·夕部》:“⿰丁夜，此梵音切，身也。见《藏经》。”（287A）张涌泉《汉语俗字丛考》“⿰丁夜”字条云：“《字汇补》的原文当读作‘此梵音切身也’。‘切身’是梵汉对译时的一种切音方法……《汉》[2]《字海》的编者不明‘切身’之义，读破了句子，以致一误再误了。”（101）《大字典》第二版的修订当是参考了张涌泉《丛考》的考释成果，于“此梵音切身也”仍然误读。

32. 亹，同“亹”。唐颜师古《等慈寺碑》:“悠悠旷刦，凭慧力而靡偏，亹亹恒沙，譬福聚而无尽。”（补遗

1 《篇海》引作“尾”。

2 《丛考》“《汉》”是《汉语大字典》的简称。

10A/324A）

按：《等慈寺碑》碑文为骈体文，“悠悠旷刦，凭慧力而靡偏”与“亹亹恒沙，譬福聚而无尽”为并列复句，“偏”下逗号当改为分号。《标点符号用法·分号》云：“分号表示复句内部分句之间的停顿。”（342）《大字典》用逗号，致使文意层次不明。

33. 剳，luò《广韵》卢各切，入铎来。剔去。《广雅·释诂一》：“剳，剔也。”王念孙疏证：“剳者，《众经音义》卷十一引《通俗文》云：‘去骨曰剔，去节曰剳。凡剔去毛髮爪甲亦谓之剳。’”（336B/368B）

按：《广雅·释诂一》：“㓞、剳、剃，剔也。”王念孙疏证：“剳者，《众经音义》卷十一引《通俗文》云：‘去骨曰剔，去节曰剳。’剳与铬同，剔与鬄同。凡剔去毛发爪甲亦谓之剳。”玄应《一切经音义》卷十一《中阿含经》卷十六音义：“剔肉，又作剃，同，他历反。剃剃也。《通俗文》：去骨曰剔也。”（56册981上）又同卷《中阿含经》卷三十五音义：“剳治，古文剳、铬二形，同。力各反。《通俗文》：去节曰剳。经文或作芟，所岩反，刈草也。或作落，非体也。”（56册981下）《众经音义》（即玄应《一切经音义》）所引《通俗文》仅“去骨曰剔”“去节曰剳”，后单引号当标在“去节曰剳”后。“剳与铬同，剔與鬄同（此8字《大字典》省略）。凡剔去毛髮爪甲亦谓之剳”乃王念孙疏证语，非《众经音义》引《通俗文》语，《大字典》后单引号标在“……

谓之剞”后，是将王氏疏证语混同为《一切经音义》引《通俗文》语，非是。

34. 壍，同“壍(藏)”。《正字通·土部》：“壍，同‘壍’……又别从艸，作蓝。”（462A/496A）

按：“从某作某”乃说明字形的习惯表达方式，“又别从艸作蓝”当连读。《大字典》“艸”下标逗号，欠妥。

35. 堤，wēi《龙龛手鉴》乌回反。〔堤壜〕高低不平貌。清朱骏声《说文通训定声·履部》：“鍡，鍡鑸，不平也。按：鍡鑸，叠韵连语……《管子·轻重乙》：‘山间堤壘之壤’作‘堤壘’。”按：今《管子·轻重乙》作“堤壜”。（497B）

按：《标点符号用法·冒号》云：“冒号表示提示性话语之后的停顿，用来提起下文。”“此外，在总括性话语之前也可以用冒号，以总结上文。”（342—343）“《管子·轻重乙》‘山间堤壜之壤’作‘堤壜’”谓“鍡鑸”二字在《管子·轻重乙》“山间堤壜之壤”中写作“堤壜”；“山间堤壜之壤”并非独立的直接引语，“《管子·轻重乙》”既非提起下文，亦非总结上文，《大字典》在“《管子·轻重乙》”下标冒号，欠妥。

36. 堵，dù《广韵》徒古切，上姥定。同“杜”。填塞；闭塞。《广雅·释诂三》：“堵，塞也。”王念孙疏证：“《晋语》：‘狐突杜门不出。’”（465B/499B）

按：《国语·晋语一》：“狐突御戎，先友为右。”韦昭注：“狐突，晋同姓，唐叔之后，狐偃之父，狐突伯行也。”狐突姓狐名突字伯行，《大字典》“狐突”一人标为两个专名，非是。

37. 逖，同“数”。唐詹敦仁《复留侯从效问南汉刘岩改名龑字音义》：“鄙哉仉晵名，陋矣逖鞴义。”（507B）

按：“仉晵”“数鞴”为传说中的梁四公子姓名，专名号当分别标在“仉晵”“逖鞴”下。《大字典》第二版标作“仉晵名”“逖鞴义”，专名号后延。《大字典》原版标点不误（473A）。

38. 墾，《说文新附》：“墾，耕也。从土，豤声。”郑珍新附考：“据《尔雅·释训》释文、《文选·上林赋》注、张载《七哀诗》注并引《仓颉篇》：‘墾，耕也。’恐是先秦所有字，许君偶遗。”（492A/528B）

按：“先秦”犹言秦以前。“秦”是朝代名，当标专名号；“先秦”并非朝代名，《大字典》标为专名，专名号前扩。《大字典·金部》“鉨”字第三音项下引王国维《匈奴相邦印跋》“……均类先秦古鉨”，专名号只标在“秦”字下（4188A/4509A），是也。

又：“《尔雅·释训》释文”至“《仓颉篇》‘墾，耕也’”并为“据”之宾语，“墾，耕也”并非独立的直接引语，《仓颉篇》下冒号当删，“耕也”下句号当改为逗号移于后单引号之后。

39. 壇，（三）dàn《集韵》徒案切，去翰定。〔壇曼〕也作“壇漫”。宽广貌。……《文选·扬雄〈甘泉赋〉》：“平原

唐其壇漫兮，列新雉於林薄。”李善注：“《子虚赋》曰：‘案，衍壇漫。’”（493A—B/530A）

按：《文选·司马相如〈子虚赋〉》：“其南则有平原广泽，登降陁靡，案衍壇曼；缘以大江，限以巫山。”郭璞注引司马彪曰：“陁靡，邪靡也。案衍，窊下也。壇曼，平博也。”吕向注：“陁靡，邪长貌。案衍，窊下也。壇曼，平宽貌。言原泽上下邪长，或窊下或宽平；缘于大江，以巫山为限畔也。”“案衍壇漫”四字当连读，《大字典》“案”字下标逗号，非是。

40. 㙚，jiāo《改并四声篇海·土部》引《搜真玉镜》：“㙚诘要、诘腰二切。”《字汇补·土部》：“㙚，义未详。”（497B/534B）

按：《篇海》引《搜真玉镜》“㙚”为被释字，其下当标逗号。

41. 尌，《说文》：“尌，立也。从壴，从寸，持之也。读若驻。”（509A/551B）

按：“从壴从寸持之也”标点当作“从壴，从寸持之也”。小篆从寸之字多由甲金文“又”变来，“又”像人手，故小篆寸旁或与又旁表意功能相同。《说文》六篇下《巢部》：“㠜，倾覆也。从寸、臼覆之，寸，人手也；从巢省。杜林说以为贬损之贬。”《说文》八篇上《人部》：“付，与也。从寸持物对人[1]。”徐铉等曰：“寸，手也。”《大字典》标点作“从壴，

1 “从寸持物对人”六字连读，《大字典》标点作“从寸，持物对人”，非是。

从寸，持之也”，致使“持之也”三字表意不明。

42. 尌，（一）shù《广韵》常句切，去遇禅。又持遇切。侯部。②同“竖”。1. 童仆……2. 姓……《左传·昭公十六年》：“郑大旱，使屠击、祝款、竖柎，有事于桑山。”（509A/551B）

按：“使屠击、祝款、竖柎有事于桑山”乃兼语式，“屠击、祝款、竖柎”既为“使”字宾语，又为“有事”之主语。杜预《左传·昭公十六年》注：“有事，祭也。”《大字典》“柎”下加逗号，欠妥。

43. 尌，（二）zhù 同“駐”。马停步不行。清王筠《说文释例》卷十一：“《馬部》：‘駐，立止也。’《玉篇》曰：‘尌，又作駐。’又案：《人部》：‘侸，立也’。《辵部》：‘邁，不行也’，读若住。是则尌、駐、侸、邁，音义并同，惟駐从馬，则有所的指耳。”（509A—B/551B）

按：《说文》二篇下《辵部》：“邁，马不行也。从辵，䭾声。读若住。”“读若住”三字亦是引《说文》语，《大字典》标于引《说文》外，欠妥。

又：《说文释例》三引《说文》，引文末《大字典》标点各异：“駐”字引文末标句号，句号置于后单引号内；“侸”字引文末标句号，句号置于后单引号外；“邁”字引文末标逗号，逗号置于后单引号外。三处当以“駐”字引文标点为是。

又：“是则尌、駐、侸、邁音义并同”为主谓句，“尌、駐、侸、邁”为主语，“音义并同”为主谓词组作谓语，“邁”下顿号当删。

44. 尋，xún《广韵》徐林切，平侵邪。侵部。⑲通“什”。《史记·张仪列传》“塞什谷之口”唐司马贞索隐：“一本作‘尋谷’。尋、什声相近，故其名惑也。”（554A）

按：《史记·张仪列传》“仪曰：‘亲魏善楚，下兵三川，塞什谷之口，当屯留之道……’”裴骃集解引徐广曰：“一作寻。成皋巩县有寻口。”“塞”为堵塞义，“什谷”为地名。《大字典》原版及中华书局点校本《史记》皆“什谷”二字标专名号，是也；《大字典》第二版“塞什谷”三字标为专名，非是。

45. 奞，（一）huán《集韵》胡官切，平桓匣。元部。奢奞，夸大。《说文·大部》：“奞，奢奞也。”王筠释例云：“语虽难解，要当是连语。奢，张也。夸，奢也。奞又从大，当是夸张之义。”（539A/582B—583A）

按：“奢张也夸奢也奞又从大当是夸张之义”标点当作“奢，张也，夸奢也；奞又从大：当是夸张之义”。“奢奞”没有文献用例，王筠以为“奢奞”当是双音节词，通过分析词素义和字形，指出“奢奞”当是夸张之义。“张也”是《说文》对“奢”字的解释，“夸奢也”是王筠对“奢”所作的训释。《大字典》标点作“奢，张也。夸，奢也”，是以“奢”“夸”皆为被释字，然《说文》“奞”字说解并无“夸”字。

46. 䟈，zhǐ《字汇补·大部》：“䟈，知雉切，智上声。出《藏释疑字函》。”（546A/590B）

按:《字汇补·大部》:“䟽,知雉切,智上声。出释藏疑字函。”(497下)“释藏”“释典”均指佛经,《大字典》引作“藏释”,非是。“出释藏疑字函”标点当作“出《释藏》疑字函”,《大字典》标作“出《藏释疑字函》”,后书名号后延。

47. 尥,同“尥”。《海篇·尢部》:“尥,抱[1]料二音。”《字汇补·尢部》:“尥,音义同尥。”(597B)

按:此字《大字典》原版仅列《字汇补》书证(552B),《海篇》书证为第二版新增。《海篇》“抱料二音”当标点作“抱、料二音”,谓“尥”字既音抱,又音料也。金·韩道昭《篇海》卷十三《尢部》引《龙龛》:“尥,蒲交、力吊二切。”今本《龙龛》作“尥”,在《兀部》。《大字典》第二版增补明代《海篇》为书证,时间仍嫌迟后。

48. 尵,同“尵”。《康熙字典·尢部》:“尵,《广韵》、《集韵》並,音㟪。尵尳,病痱。”按:《广韵》、《集韵》作“尵”。(602A)

按:《康熙字典·尢部》:“尵,《广韵》《集韵》竝(並)乌贿切,音㟪。尵尳,病痱。一曰行疾也。《集韵》或作瘣。”《大字典》引《康熙字典》“《广韵》《集韵》並,音㟪”,“並”为范围副词,总括《广韵》《集韵》,意为都,其下逗号当

---

1 《篇海》“尥”字蒲交切,直音当音袍;《大字典》引《海篇》音抱,“抱”字疑为“袍”字之误。

删[1]。《大字典》原版作"《广韵》、《集韵》並乌贿切，音嵔"（556B），标点不误。

49. 吴，huà《广韵》胡化切，去禡匣。③大口鱼；一说大鲇鱼。《字汇·口部》："吴，鱼之大口者曰吴。"《诗·周颂·丝衣》"不吴不敖，胡考之休"唐陆德明释文引何承天云："吴字误，当作吴，从口，下大，故鱼之大口者名吴。"明方以智《物理小识·鸟兽类下·鲇》："鲇大者曰吴。"（577A—B/624B—625A）

按："从口下大"说明"吴"字构形，四字当连读，"口"下逗号当删。

50. 呔，dài《龙龛手鉴·口部》："呔，俗，音代。"《字汇补·口部》："呔，徒在切。出释典'随'字函。"（604A/653A）

按："释典""释藏"义同，均为藏经总称。藏经卷帙浩繁，分装若干函，每函用《千字文》一字排次，称作"某字函"，《大藏经》第一函称"天字函"，第二函称"地字函"，以此类推。《大字典》援引字书说解，于"某字函"之"某"不加引号，于此"随字函"之"随"独加引号，欠妥。又："释典"二字《大字典》原版加书名号，《大字典》第二版他字说解所见"释典"或加书名号，或不加，亦欠妥。"释典（或释藏）某字函"相当于某书第几卷、第几册，建议"释

1 或保留逗号，在"並"字下补"乌贿切"三字。

典（或释藏）”都加书名号。又：“吪”音代，乃佛经译音用字，无实义。五代后晋·可洪《新集藏经音义随函录》（以下简称《可洪音义》）卷二十《陀罗尼杂集》卷十音义：“吪嘱，上音代，下音居。”（35册416中）对应经文《大正藏》本作“吪”，宋元明本作“哦”。（参看郑贤章《龙龛手镜研究》第68页）

51. 咎，（二）gāo《广韵》古劳切，平豪见。幽部。②同“皋”。姓。《楚辞·离骚》：“汤、禹严而求合兮，挚咎繇而能调。”（608A/657A）

按：王逸《楚辞章句》云：“俨（一作‘严’），敬也。合，匹也。挚，伊尹名，汤臣也。咎繇，禹臣也。调，和也。言汤、禹至圣，犹敬承天道，求其匹合，得伊尹、咎繇，乃能调和阴阳而安天下也。”《大字典》所引《离骚》“汤”“禹”二人名平列，“挚”“咎繇”二人名平列。“汤”“禹”既加专名号又于二名之间加顿号；“挚”“咎繇”加专名号却不加顿号，同一情况同一语境却处理不一。又：《大字典》于两个或两个以上专名连用者，专名间或加顿号，或不加。由于专名加了专名号，已经由专名号把不同专名断开，为了节省篇幅、版面整洁，建议凡专名连用者，均不加顿号。

52. 䨮，同“君”。宋赵与时《宾退录》卷五：“唐君臣正论载武后改易新字，如以山水土为地……一人大吉为君。……君作䨮。”（补遗14A/719A）

按："君臣正论"当加书名号[1]。宋·王尧臣等《崇文总目》卷五："前朝《君臣正论》二十五卷。"郑樵《通志·艺文略第四》："前朝《君臣正论》二十五卷。晋赵莹撰。"王应麟《玉海》卷六十一："且吴兢撰《贞观政要》，止述太宗；赵莹著《君臣正论》，惟载唐室。"或谓张昭著，《玉海》卷六十二云："晋张昭撰唐朝《君臣正论》二十五卷，上之。"《宋史·张昭传》："昭又撰唐朝《君臣正论》二十五卷，上之。"《太平御览·经史图书纲目》有《君臣正论》，卷六百三十六引用1条。

53. 啘，同"嗺"。《龙龛手鉴·口部》："啘俗，音崖；正作嗺。"（669A/721B）

按：《大字典》引《龙龛》"啘"为被释字，其下当加逗号。

又："俗"是对"啘"字字际关系说明的术语，"俗"下逗号当改为句号。

又："音崖"是对"啘"的注音，语义已完，"崖"下分号亦当改为句号。

54. 啵，léng《字汇补》力恒切。译音用字。《字汇补·口部》引《翻译名义集》："佛经'居啵伽'，此云李。"（671B/724A—B）

按：《字汇补·口部》："啵，力恒切，音陵。佛经居啵迦，

---

1 《大字典》在"悳"下引《宾退录》"唐君臣正论"加书名号（2279B/2440B），近是。

此云李。见《翻译名义集》。”（484 上）南宋姑苏景德寺僧法云编《翻译名义集》系将散见于佛经中的梵文音译词分类解释、编集而成，全书共收梵文音译词 2000 余条，其卷三云：“居㖫（原注：音陵）迦，此云李。”此《字汇补》所本。《翻译名义集》所解释梵文音译词均出自佛经，故该书被释词前不出“佛经”二字；《字汇补》被释字不皆出自佛经，“㖫”字见佛经，故字下说解加注“佛经”二字。《大字典》将“佛经”二字标于《字汇补》引《翻译名义集》内，欠妥。又:《翻译名义集》一书见在，《大字典》舍原书而转引后出之《字汇补》，亦欠妥。又:《翻译名义集》《字汇补》俱作“居㖫迦”，《大字典》转引作“居㖫伽”，“伽”当是“迦”字转录之误。又：“㖫”字《大字典》原版据《字汇补》力恒切拼读作 líng[1]，第二版改读 léng。需要注意的是:《字汇补》据它书直音补作反切，反切多掺杂方音。《翻译名义集》《字汇补》“㖫”字皆音陵，故此字当以音 líng 为是。

55. 啧，zé《广韵》侧革切，入麦庄。又侧伯切，士革切。锡部。⑦争辩貌。多叠用。《古今韵会举要 · 陌韵》:“啧，啧，啧，争言貌。”《荀子 · 正名》:“故愚者之言……啧然而不类。”汉蔡邕《短人赋》:“啧啧怒语，与人相拒。”（725A—B）

按：“啧，啧，啧，争言貌”标点当作“啧，啧啧，争言貌”。“啧”为被释字，“啧啧”叠用训争言貌，下引《短

1 当是参考了《字汇补》直音。

人赋》即其用例。《大字典》原版标点不误（672B）。

56. 嘙，pó《龙龛手鉴》音婆。译音用字。多见于佛教的经咒中。《龙龛手鉴·口部》："嘙，在咒中。"《字汇补·口部》："嘙，（见）《咒语》。"（679A/732A）

按："咒语"与"佛经真言"同义，梵语音译为"陀罗尼"，指佛经中音译的文字，书名号当删。《大字典》"嚟"字下引《篇海类编》云："嚟，音丽。咒语。"（701A/755B）"嚰"字下引《字汇补》："嚰，咒语。"（705B/760A）"咒语"二字皆未加书名号，是也。

57. 噉，dōu《龙龛手鉴·口部》："噉，《经音义》作蚼。音兜。《随函》云'厨'字，上声呼之。"（682A/735B）

按：《广韵》平声《虞韵》："厨，直诛切。《说文》曰：庖屋。俗作厨。"《龙龛》引《随函》"噉"字"厨字上声呼之"者，谓"噉"字声韵与"厨"相同，而声调则为上声也。"字"下逗号当删。"噉"字文献有用例，乃佛经真言译音用字，无实义。大正藏《陀罗尼杂集》卷五："竭噉波佛耆。"其中"噉"字《法苑珠林》卷六十同，文渊阁本《法苑珠林》卷七十五音释："噉，音兜。"明刻《大藏经》作"蹰"；《玄应音义》作"厨"，卷二十《陀罗尼杂集》卷五音义："竭厨，直俱反。"（57册53上）《可洪音义》作"㕑"，卷二十三《陀罗尼杂集》卷五音义："竭㕑，直朱反。"（35册410上）

58. 嚟，lí《字汇补·口部》："嚟，龙其切，音梨。见《佛经真言》。"（684A/738A）

按："佛经真言"又称"咒语""神咒""咒"，梵言"陀罗尼"，非书名，亦非篇名。检索《大正藏》，"嗶"字在《大宝积经》中有5个用例，皆用作咒语音译字。《大字典》"佛经真言"标注书名号，欠妥。

59. 㗳，dī《龙龛手鉴》都奚反。城名。《龙龛手鉴·口部》："㗳，城名也。"（原版705B）

㗳，dī《龙龛手鉴》都奚反。城名。《龙龛手鉴·口部》："㗳，城名也。"按：蒋冀骋《龙龛手镜研究》以为"㖒"、"㖒"、"㗳"只是译音用字，今佛经《增壹阿含经》卷四十八有："蜜㖒罗城"、"蜜㖒罗宫"。……（760B）

按："蜜㖒罗城""蜜㖒罗宫"为"有"字宾语，"有"下冒号当删。又：《龙龛手镜研究》为湖南师范大学出版社所出《魏晋南北朝汉译佛经语言研究丛书》之一，丛书主编为蒋冀骋，而《龙龛手镜研究》著者则为郑贤章。《大字典·口部》"㖵"下引该书作"郑贤章《龙龛手镜研究》"（735B），不误。

60. 圀，同"國"。宋赵与时《宾退录》卷五："今大理國文书至广，右者犹书國作圀，亦武后所改。"（补遗15B/773A）

按："右者犹书國作圀"语意欠通，"右者"二字当属上读，"广右"二字当标专名号，即广西也。古人以面向南为标准，以东为左，以西为右，故江东称江左，江西称江右。《广东通志》卷六十《艺文志二》载陶鲁《勇敢祠记》："國家承平日久。正统间，帅臣失守，广右诸猺始为边患，延及广左。”其中“广左”指广东，“广右”指广西。明·唐顺之《广右战功录》述右江参将、都督同知沈希仪讨平广西诸蛮事，故以“广右”为名。明·王士性《广志绎》卷四《江南诸省》（清康熙十五年刻本）：“余尝至广右，而叹秦皇汉武之功也。”此广右当亦指广西。

61. 山，shān《广韵》所间切，平山生。元部。⑨姓。《通志·氏族略四》：“山氏，周山师掌山林之官，以官为氏。”（759B/784A）

按：《周礼·夏官司马下》：“山师掌山林之名，辨其物与其利害，而颁之于邦国，使致其珍异之物。”山师乃周职官名，不当标专名号。《氏族略》“山氏”云云，乃言山姓来源于祖上曾任山林之官，后世子孙乃以山为姓氏。今“山师”下标专名号，则是以职官“山师”为姓山名师之人，非是。《大字典》“訓”字第八义项训姓，引《通志·氏族略四》云：“訓氏，《周礼》有訓方氏，以官为氏。”（4199B）“訓方”不标专名号，是也。

62. 峄，guī《龙龛手鉴》音归。山名。《美术丛书（后集二之三）·我川寓赏编·吴中明贤笺牍》：“峄山又复严冬……”（784A/810A）

按：“峄”为“帰”字俗书，“帰”同“歸”。“峄山”谓回到山中。《大字典》所引《吴中明贤笺牍》本明代书家范允临所书信札，寻绎书信内容，其中“峄山”意为回到山中、回家后（时范氏家居天平山），“峄”即“峄（歸）”字俗书，浙江人民美术出版社 2013 年版《美术丛书》三集第二辑正作“歸山”。《大字典》误以“峄”为山名，因在“峄山”下标注专名号，非是。

63. 嵁，同“嵁”。《龙龛手鉴·山部》：“嵁，五男口含二反。嵁山，崿也。”（816B）

按：“五男”与“口含”并列，其间当标顿号。又：“嵁山崿也”当作“嵁崿也”，此以双音词释单字，“山”字衍文。《广韵》平声《覃韵》口含切：“嵁，嵁崿。又五男切。”又五含切：“嵁，嵁崿也。又苦男切。”是其证。

64. 靴，同“允”。《集韵·准韵》：“靴，《说文》‘进也。’引《易》‘靴升大吉’。”按：《说文·夲部》：“《易》曰：‘靴升大吉。’”王筠句读：“《升卦》文今作‘允’。”（791A/818B）

按：王筠句读“《升卦》文”指明《说文》引《易》具体出处，文意已足，句末当标句号。“今作‘允’”说明《说文》引《易》与今《易》用字之区别，文意亦自足。

又：《集韵》引《说文》“进也”属于直接引用，“《说文》”下当标冒号。

65. 嵚，qī《字汇》牵奚切。高。《字汇·山部》：“嵚，《玉枢经》：九曜嵚嵚。”一说“嵚”的讹字。《正字通·山部》：“嵚，嵚字之讹。《六书》无嵚。”（796B/823B）

按：“六书”本为六种汉字造字方法，所有汉字皆出六书，因以六书代指所有汉字，《正字通》多此种用法。“六书”

非书名,《大字典》加书名号，非是。《大字典·金部》“鉗”字下引《正字通》“遍考六书，无金旁作鉗者”,“六书”不加书名号（4208A/4531B），是也。

66. 帀,yìn（一）《字汇补》音印。同“印”。《龙龛手鉴·巾部》:“帀,《随函》云: 合作印字。”《字汇补·巾部》:“帀,音印，见释典、《随函》。”（728B/839B）

按:《大字典》原版“释典”标书名号（728B）。“释典”是佛经的总称，标与不标书名号两可。作为一部权威字书，自身体例应统一：要么全标，要么全不标[1]。“随函”即“随函音义”，佛经卷帙浩大，分装数百函；所作音义因附于佛经卷后，故称“随函音义”，简称“随函”。《字汇补》“释典《随函》”即指某种佛经随函音义，“释典”下顿号当删。

67. 布,bù《广韵》博故切，去暮帮。鱼部。⑬草名。《尔雅·释草》:“帛似帛，布似布，華山有之。”邢昺疏:“草山有草，叶似帛、布者，因名帛草、布草也。”（729A/840A）

按: 邢昺疏“草山”当依正文作“華山”，其下当标专名号。

68. 帊,（一）pà《广韵》普驾切，去禡滂。鱼部。①两幅宽的帛。《说文新附·巾部》:“帊，帛三幅曰帊。”郑珍新附考:“《御览》、《广韵》并引《通俗文》:‘帛三幅曰帊’,

1 《大字典》原版、第二版“睺”字引《字汇补》“释典”均标书名号（1523B/1634A）。

三者二之误。《众经音义》卷二十一引作‘两幅（今本讹複）曰帊’是也。”（732B/843B）

按:《御览》《广韵》引《通俗文》“帛三幅曰帊”属于直接引语,《大字典》“帊”后所标逗号当改为句号并移至后单引号内。

又:“三者二之误”为郑珍校订《说文新附》讹误，为文意显豁，“三”“二”当加引号。

69. 帓,zuó《广韵》在各切，入铎从。红纸，一说薄小纸。《广雅·释器》:“幱㡤谓之帓。”王念孙疏证:“《广韵》引《埤仓》云:‘幱㡤，赤纸也。’《汉书·外戚传》:‘赫蹏书。’应劭注云:‘赫蹏，薄小纸也……赫蹏、擊蹏、繫纁并与幱㡤同。’”（734A/845B）

按:应劭注语至“薄小纸也”而止,“赫蹏、擊蹏、繫纁并与幱㡤同”并非应劭注语。检《广雅疏证》,《大字典》在应劭注语之下省掉了王念孙疏证引《汉书》颜师古注语“今书本赫字或作擊”，再下省略掉了王氏引《说文》“繫”“纁”二篆之说解，致使本为王氏疏证之语的“赫蹏、擊蹏、繫纁并与幱㡤同”变为应劭注语。

70. 㡰,《说文》:“㡰，领耑也。从巾，耴声。”段玉裁注:“此篆与帕篆同义,篇韵皆有㡰无帕,《集韵》乃兼有之。”（739A/850A）

按:“篇”“韵”二字皆当加书名号,《篇》为《玉篇》省称,《韵》为《广韵》省称。《玉篇》《广韵》在段玉裁《说文解字注》中多省称《篇》《韵》。《大字典·甘部》“曆”字下引段注“各本及《篇》《韵》《集韵》《类篇》字体皆讹”（2414B/2585A），标点不误。

71. 幓，（一）sàn《广韵》苏旰切，去翰心……③《说文·巾部》：“幓，一曰，妇人胁衣。”（855B）

按：“一曰”为《说文》说解术语，多用于引出另一种词义训释。“一曰妇人胁衣”当连读，字头之下引《说文》“幓”字训释标点不误。又《大字典·口部》“嘂”字下引《说文》：“嘂，高声也。一曰大呼也。”（676B/729B）此其常例。

72. 帴，《说文》：“帴，正耑裂也。从巾，俞声。”段玉裁改作“正耑裂也”。并注云：“耑，各本作耑，今正。《衣部》曰：‘耑，衣正幅也。’此谓帛之正耑，以别于上文‘帗，谓残帛之裂’。”（一）shū《广韵》山刍切，平虞生。侯部。裁裂缯帛的正幅。《说文·巾部》：“帴，正耑裂也。”段玉裁改作“正耑裂也”，并注云：“耑，各本作耑，今正。《衣部》曰：‘耑，衣正幅也。’此谓帛之正耑，以别于上文‘帗’，谓残帛之裂。”（859B）

按：此字字头之下与第一音项下两引《说文》段注，而标点不一[1]：段注“此谓帛之正耑以别于上文帗谓残帛之裂”，字头下标点作：“此谓帛之正耑，以别于上文‘帗，谓残帛之裂’”，第一音项下标点作“此谓帛之正耑，以别于上文‘帗’，谓残帛之裂”，《大字典》原版又标点作“《衣部》曰：

1 《大字典》此类标点问题多有。

‘褍，衣正幅也。此谓帛之正褍，以别于上文帔谓残帛之裂。’”（747B—748A）。以上三种标点皆有未当。《说文》七篇下《巾部》：“帔，幓裂也。从巾，匕声。幓，残帛也。从巾，祭声。”“谓残帛之裂”为段玉裁注语，非《说文》对“帔”字所作训释。字头之下标点作“以别于上文‘帔，谓残帛之裂’”，则有将段注混同《说文》训释之嫌；第一音项段注“此谓帛之正褍”与“帔谓残帛之裂”相对为文，“帔”下逗号当删；《大字典》原版标点作“《衣部》曰：‘褍，衣正幅也。此谓帛之正褍，以别于上文帔谓残帛之裂。’”（747B）则是将“幍”下段注“此谓帛之正褍，以别于上文帔谓残帛之裂”混入于《衣部》“褍”字许慎说解。“褍各本作耑今正衣部曰褍衣正幅也此谓帛之正褍以别于上文帔谓残帛之裂”标点当改为“褍，各本作耑，今正。《衣部》曰：‘褍，衣正幅也。’此谓帛之正褍，以别于上文‘帔’谓残帛之裂”。

73. 幍，tāo《广韵》土刀切，平豪透。①帽。……《隋书·礼仪志六》：“幍，《傅子》云：‘先未有歧，荀文若巾触树成歧，时人慕之，因而弗改。’今通为庆吊之服。白纱为之，或单或裌，初婚冠送饯亦服之。”……（750A—B/862B）

按：宋·李昉等《太平御览》卷六百八十八《服章部五·幍》引《傅子》云：“幍[1]，先未有歧，荀文若巾触树成歧，

1 “幍”当为“帕”字俗讹，说详杨宝忠《疑难字三考》“幍”字条，100—101 页。

时人慕之，因而弗改。今通为庆吊之服，白纱为之，或单或裌，初婚冠送饯亦服之。”“先未有歧……初婚冠送饯亦服之”皆为《傅子》语，《大字典》后单引号标于“因而弗改”后，非是。

74. 幗，hè《广韵》呼格切，入陌晓。〔幗𢃳〕1. 红纸。《玉篇·巾部》：“幗，幗𢃳，赤纸也。”2. 薄小纸。《广雅·释器》：“幗𢃳谓之㡧。”王念孙疏证：“《汉书·外戚传》[1]‘赫蹏书’应劭注云：‘赫蹏，薄小纸也。’颜师古注云：‘……赫蹏、擊蹏、繫䌇并与幗𢃳同。’”（758B/870B）

按：《汉书·外戚传》“赫蹏书”邓展曰：“赫，音兄弟鬩墙之鬩。”应劭曰：“赫蹏，薄小纸也。”晋灼曰：“今谓薄小物为鬩蹏。”颜师古曰：“今书本赫字或作擊。”“赫蹏、擊蹏、繫䌇并与幗𢃳同”并非颜师古《汉书》注语。《广雅·释器》：“幗𢃳谓之㡧。”王念孙疏证：“《广韵》引《埤仓》云：‘幗𢃳，赤纸也。’《汉书·外戚传》‘赫蹏书’应劭注云：‘赫蹏，薄小纸也。’颜师古注云：‘今书本赫字或作擊。’《说文》繫、䌇二字注并云：‘繫䌇也。’赫蹏、擊蹏、繫䌇并与幗𢃳同。’”王氏引《汉书》，乃“赫蹏”一词所从出；引颜师古注“今书本赫字或作擊”，乃“擊蹏”一词所从出；引《说文》“繫”“䌇”二篆之说解，乃“繫䌇”一词所从出。“赫蹏”“擊蹏”“繫䌇”“幗𢃳”音义相通，故王念孙云“赫蹏、擊蹏、

1 《大字典》原版后书名号下标冒号，第二版删去冒号，是也。

繫纗并与帼幧同”。《大字典》在“颜师古注云”下省略颜师古注语，连同王氏引《说文》“繫”“纗”二篆说解省去，致使王氏之语误为颜师古语。

75. 徥，（一）shì《广韵》承纸切，上纸禅。又池尔切。支部。①偕行貌；行走貌。《方言》卷六：“徥，用行也。朝鲜、洌水之间或曰徥。”（832A/894A）

按：《大字典》引《方言》“徥用行也”当标点作“徥、用，行也”。戴震《方言疏证》：“用亦由也，故又为行。”“徥”“用”皆被释词，“行”为训释词。

76. 㣞，同“從”。《篇海类编·人事类·彳部》：“㣞，与從同。”《汉书·扬雄传上》：“萃㣞允溶，淋离廓落。”王先谦补注：“案，官本㣞，并作從。”（840B/903A）

按：“官本㣞并作從”谓官刻《汉书》诸本“㣞”字都刻作“從”，六字当连读。《大字典》“㣞”下加逗号，欠妥。

77. 𢔍，zhà《广韵》陟驾切，去祃知。又竹卖切。步立貌。《广韵·卦韵》：“𢔍，步立皃。出《声谱》。”《集韵·卦韵》：“𢔍，立皃。”（844B/907A）

按：《广韵》去声《卦韵》竹卖切：“𢔍，𢔍步，立皃。出《声谱》。”又去声《祃韵》陟驾切：“𢔍，𢔍步，立也。”“𢔍”合“步”字构成双音词，训立貌或立。《大字典》引《广韵》“𢔍”字说解“步”上脱“𢔍”字，又以“步立皃”三字为训释词，致令训义费解。

78. 厅，tīng《广韵》他丁切，平青透。④同“矴”。《集

韵·青韵》:“矴,《碑林》或省。”(872B/936A)

按:宋刻本《集韵》平声《青韵》汤丁切:“矴、庁,碑材。或省。”金州军本、明州本、述古堂本、扬州使院重刻本注同;《类篇·广部》“庁”字、《石部》“矴”字亦训碑材。《大字典》引《集韵》“庁”训“碑林”,所据本有误(“矴”字下引《集韵》训碑材,不误);“碑林”二字标作书名,致使“矴、庁”之下缺义训。

79. 廗,(一)dài《集韵》当盖切。②水名。《康熙字典·广部》:“廗,水名。《魏志·宕昌国传》:‘其地自仇池以西,东西千里,廗水以南,南北八百里。”(963B—964A)

按:《大字典》引《康熙字典》引《魏志》只有前单引号,无后单引号。后单引号漏标。

80. 㝴,diàn《广韵》都念切,去㮇端。又丁惬切。侵部。④下。《广雅·释诂一》:“㝴,下也。”王念孙疏证:“㝴者,《方言》‘埝,下也。’屋而下曰埝。”(946B/1015B)

按:《方言》卷六:“埕、埝,下也。凡柱而下曰埕,屋而下曰埝。”第四义项《广雅》疏证中“屋而下曰埝”亦是引《方言》语,《大字典》标于引《方言》外,非是。

81. 寘,同“顛”。《五音集韵·仙韵》:“寘,高远。”《正字通·宀部》:“寘,俗顛字,旧注音顛,高远也。”(959A—B/1029A)

按:《字汇·宀部》:“寘,多言切,音顛。高远也。”(520上)《正字通·宀部》:“寘,俗顛字。旧注:音顛,高远也。

分为二，讹误与一部顛字同。宜删。”（303下）《大字典》引《正字通》语未完。《正字通》“寊，俗顛字”为编者指明“寊”是“顛”的俗字，语意完整，“字”下逗号当改为句号。

又：“音顛，高远也”是《正字通》引《字汇》“寊”字说解，“旧注”即指《字汇》，其下当标冒号。

82. 寷，《字汇补·宀部》：“寷吕春切，音隆。义阙。”（1029B）

按：“寷”为被释字，根据《大字典》标点体例，字下当标逗号。原版引《字汇补》“寷”字下不用逗号而空一格（959B），亦非是。

83. 㬫，同“彝”。唐岑文本《定宗庙议》：“诚宜定一代之宏规为万世之㬫典。”（963A/1033A）

按：“定一代之宏规”与“为万世之㬫典”为并列复句，“规”下当加逗号。

84. 屍，cī《广韵》取私切，平脂清。③突然。《字汇补·尸部》：“屍，《广雅》猝也。”（967B/1037B）

按：“《广雅》”下当标冒号，“屍”为被释字、训猝，见《广雅·释诂二》。又：《广雅》原书见存，《大字典》此条不引《广雅》原书而引《字汇补》，书证迟后。

85. 娥，《说文》：“娥，帝尧之女，舜妻娥皇字也。秦晋谓好曰娙娥。从女，我声。”（1052A/1126B）

按：“帝尧之女舜妻娥皇字也”十字当连读，谓“娥”是帝尧的女儿、帝舜的妻子娥皇的名字用字。如《大字典》标点，训义费解。

86. 娥，é《广韵》五何切，平歌疑。歌部。①传说中尧女舜妻的字。《说文·女部》："娥，帝尧之女，舜妻娥皇字也。"《汉书·古今人表》："娥皇，舜妃。"（1126B）

按：《大字典》引《汉书》"舜妃"与引《说文》"舜妻"所指相同，"舜妻"专名号仅标注于"舜"字下，是也；"舜妃"专名号标注于二字下，非是。《大字典》原版标注作"舜妃"（1052A—B），不误。

87. 娷，（二）zuō《集韵》臧戈切，平戈精。②安。《改并四声篇海·女部》引《对韵音训》："娷，安也。"（1053A/1127B）

按：《玉篇·女部》："娷，子戈切。主也。"《新修玉篇》卷三《女部》引《玉篇》音义同。《篇海》卷五《女部》引《玉篇》："⊙娷，苏和切，《穆天子传》：丧三女叔娷为主。又醋和切，訬疾。又昨禾切，亦訬疾也；一曰女字。又七戈切，亦周穆王女字。又子骺切，安也。又则卧切，轻也[1]。""娷"上标注"⊙"者，表示此字据《韵》增加了音训，并不代替字书。"《改并四声篇海·女部》引《对韵音训》"当改为"《改并四声篇海·女部》'对韵音训'"。

88. 婓，fēi《广韵》芳非切，平微敷。微部。①〔婓婓〕往来不停貌。《汉书·扬雄传上》："昔仲尼之去鲁兮，婓婓

---

1 "轻也"二字明刻诸本并无，此从金刻元修本。

迟迟而周迈。”颜师古注：“斐斐往来貌。”（1132A）

按：颜师古《汉书》注“斐斐”下当标逗号，“斐斐”是被释词，“往来貌”是训释词。《大字典》原版标点不误（1057B）。

89. 䓝[1]，同“證”。宋赵与时《宾退录》卷五：“然尝考之，但埊，𠦑，恵，𡈼四字合，證作䓝，聖作𡔈，君作𠇿，皆与正论所言不同。”（补遗 19A/1218B）

按：“正论”为《君臣正论》之省称，当加书名号。

又：“埊”“𠦑”“恵”“𡈼”四字平列，字下逗号皆当改为顿号；“證作䓝”“聖作𡔈”与“君作𠇿”亦属并列，“䓝”“𡔈”下逗号亦当改为顿号。

90. 璏，同“璲”。《龙龛手鉴·玉部》：“璏，直例于芮二反。剑鼻玉饰也。”按：《说文》作“璲”。（1218B）

按：“直例于芮二反”谓“璏”字有两读，一读直例反，一读于芮反。“直例”与“于芮”并列，其间当标顿号。《大字典·女部》“㛑”字下引《龙龛》“宁了、女乙二反”，“宁了”下标顿号（1049B/1124A），是也。

91. 杝，（五）duò《后汉书·〈赵壹传〉注》徒我反。（1163A/1245B）

按：“赵壹传”是《后汉书》篇名，“赵壹传注”则非《后汉书》篇名。《后汉书·〈赵壹传〉注》当标作《后汉书·赵

---

1 此字《大字典》原版作“䔲”。

壹传》注。

92. 棫，yù ㊀《广韵》雨逼切，入职云。职部。木名。……《本草纲目·木部·蕤核》："蕤核，《释名》白桵。"（1227A—B/1315B）

按：《本草纲目·凡例》："首以释名，正名也；次以集解，解其出产形状采取也；次以辨疑正误，辨其可疑正其谬误也；次以修制，谨炮炙也；次以气味，明性也；次以主治，录功也；次以发明，疏义也；次以附方，著用也。""释名"是《本草纲目》的组成部分，"释名"部分广列药物异称，然后解释药物异称出处与得名由来。《大字典》引用《本草纲目》，"释名"二字或标方括号，如：《木部》："樚，《本草纲目·木部·醉鱼草》：'醉鱼草，〔释名〕闹鱼花，鱼尾草、樚木。'"（1283B/1376B）"橄""樲""橀""檽""檳"等字下引《本草纲目》"释名"二字亦标方括号。或标冒号，如："楮"字下说解引《本草纲目·果部·枳椇》："枳椇，释名：蜜楮椒（音止矩），蜜屈律，木蜜，木餳，木珊瑚，鸡距子，鸡爪子……"或标书名号，"棫"字下所引是也。《大字典·凡例》第十八条："校订引证原著的脱误，用方括号表明。"《大字典》所引《本草纲目》中的"释名"二字，乃原书固有文字，今标方括号，则与《大字典》校订原著脱误所补文字相乱。"冒号表示提示性话语之后的停顿，用来提起下文"[1]，《本

1 《语言文字规范手册·标点符号用法》，342页。

草纲目》中的“释名”“集解”等具有提起下文作用，故上述三种标点，当以“樍”字下所引于“释名”下标冒号为是。

93. 栈，（三）chén《集韵》锄臻切，平臻崇。众盛貌。……清王先谦补注：“……王先慎曰：‘《字书》无㨻字，宋说是也。’”（1230A/1317B）

按：此“字书”泛指字典辞书，不当加书名号。

94. 榐，（一）niǎn《改并四声篇海》引《俗字背篇》尼展切。磨榐。《改并四声篇海·木部》引《俗字背篇》：“榐，磨榐也。”按：张涌泉《汉语俗字丛考》云：“疑即‘碾’的会意，俗字。”（1336A）

按：张涌泉《汉语俗字丛考》云：“此字与‘碾’字音同形近，疑即‘碾’的会意俗字。”（550）“会意俗字”亦称“俗体会意字”，是会意字的一种类型，《汉语俗字丛考》“会意俗字”四字连读，《大字典》“会意”下标逗号，致使“疑即‘碾’的会意”文意欠通。

又：“榐”字金刻原修本、明成化本《篇海》俱不收录，明正德间僧真空重修《篇海》始据当时社会流行俗字所增入，故字头之上标注“⊕”号。“⊕”代指“俗字背篇”，“俗字背篇”并非书名；《大字典》引用《篇海》，凡“俗字背篇”皆标注书名号，欠妥。正德本《五音集韵》上声《狝韵》尼展切：“輾、輾，车轢物。俗作榐。”万历二十二年刻本同。“輾”“碾”字同。

95. 棡，（一）gàng《龙龛手鉴》古浪反。同“掆”。举；

抬。《龙龛手鉴·木部》:“桯,俗;正从手,作搁。舁也。”(1264B/1355B)

按:《大字典》引《龙龛》“正从手作搁”五字当连读,谓“桯”之正字从手写作“搁”。“手”下逗号当删。《续古逸丛书》本《龙龛》卷四《木部》:“桯、槶,二俗。古浪、古郎二反。正从手作搁,舁(高丽本作“弄”,误)也。”此《大字典》第一音义所本。《玄应音义》卷十一《中阿含经》卷十五音义:“搁(《慧琳音义》卷五十二引作“搁”,注同)舆,古郎反,《文字集略》云:相对举物曰搁也。”(56册980下)《可洪音义》卷十二《中阿含经》卷十五音义:“搁轝,上古朗反,下余、预二音。”(59册990下)对应经文作“搁舆”。《龙龛》“桯”“槶”二字,当亦是《中阿含经》“搁”字俗讹。

96. 棖,(四)zhèn《集韵》直刃切,去稕澄。木名。……《太平广记》卷四百零六引《扶南记》:“酒树出典逊国,名棖酒。”(1271A/1365A)

按:专名号当标在“典逊国”三字下,“典逊国”即顿逊国。唐杜佑《通典》卷一百八十八:“顿逊国,梁时闻焉。”自注:“一曰典遜。”《法苑珠林》卷四十九引《南州异物志》:“藿香出典遜,海边国也。”《太平御览》卷七百八十八引《唐书》曰:“顿逊国出霍香,插枝便生,叶如都梁。”

97. 樕,sù《广韵》桑谷切,入屋心。屋部。〔樸樕〕小树。《尔雅·释木》:“樕樸,心。”王引之述闻:“正义引《尔雅》及孙炎某氏注皆樕字在下,今本盖误倒……樸樕与心皆

小貌也。”（1276A/1368A）

按：“孙炎某氏注”当标点作“孙炎、某氏注”，谓孙炎注、某氏注也。注者姓名不详，故曰“某氏注”。《诗·召南·野有死麕》：“林有樸樕，野有死鹿。”孔颖达正义：“《释木》云：樸樕，心。某氏曰：樸樕，斛樕也。有心能湿，江河间以作柱。孙炎曰：樸樕，一名心。”此王引之所本。

98. 樕，sù《广韵》桑谷切，入屋心。屋部。〔樸樕〕小树。《尔雅·释木》：“樕樸，心。”郭璞注：“槲，樕别名。”（1276A/1368A）

按：“槲，樕别名”当标点作“槲樕别名”，谓槲樕又名樕樸也。邢昺《尔雅正义》：“某氏曰：樸樕，槲樕也，有心能湿，江河间以作柱。是樸樕为木名也，故郭云槲樕别名。”《大字典》将郭注标作“槲，樕别名”，不仅割裂连绵词，而且与《尔雅》正文失去联系。

99. 樛，（一）jiū《广韵》居虯切，平幽见。幽部。②蔓椒……清王念孙疏证：“……《神农本草》云：‘蔓椒，一名家椒，生云中川谷。’”（1285B/1378B）

按：云中，古县名，《汉书·地理之下》云中县属云中郡，《晋书·地理志上》云中县属新兴郡。“云中”二字当标专名号。

100. 橓，同“蕣”。《集韵·稕韵》：“蕣，《说文》：‘木堇朝华暮落者。’引《诗》‘颜如蕣华。’或作橓。”参见“槿”。（1294A/1388A）

按:《说文》一篇下《艸部》:“蕣，木堇，朝华暮落者。从艸，䑞声。《诗》曰:颜如舜华。”“木堇”为释义，其下当标逗号;“朝华暮落者”谓此种植物之特征。三国吴·陆玑《毛诗草木鸟兽虫鱼疏》卷上“颜如舜华”条云:“舜，一名木槿，一名榇，一名曰椴，齐鲁之间谓之王蒸，今朝生暮落者是也。五月始花，故《月令》:仲夏，木槿荣。”“舜(蕣、䑞、橓)”与“木槿”同物异称，“舜(蕣、䑞、橓)”即“木槿”。《大字典》引《说文》“木堇朝华暮落者”七字连读，则“橓”为木槿之朝华暮落者，欠妥。

101. 㮛,《说文》:“㮛，芣，臿也。从木、入，象形，眀声。”段玉裁注:“从木，谓柄;从入者，象两刃也。”

xū《广韵》况于切，平虞晓。鱼部。古代一种起土工具。《说文·木部》:“㮛、芣，臿也。”《广韵·虞韵》:“㮛，臿属。”(1294B/1388B)

按:凡见于《说文》的字,《大字典》于字头之下列出《说文》说解，然后再注音、释义。“㮛”字见《说文》,《大字典》“㮛”下两引《说文》，标点不一。《说文》六篇上《木部》:“㮛，芣臿也。从木;入，象形;眀声。”“芣”同“鏵”，与“臿”为同义连用,《大字典》前引《说文》于“芣”下标注逗号，则“㮛”字由芣臿一义变为芣、臿二义;后引《说文》于“㮛”下标注顿号，则“㮛”“芣”二字平列，皆成被释词,《说文》说解无此体例。

又:《说文》说解“㮛”之字形“从木入象形眀声”标点

当作“从木；入，象形；眀声”。所谓象形者，谓“入”象两刃形（非出入之“入”）。《大字典》标点作“从木、入，象形，眀声”，“木”“入”二字平列，则成“木”“入”皆象形矣。

102. 棋，zhèn《类篇》直稔切，上寝澄……清张鸣珂《说文佚字考》：“……《方言》：‘槌其横，关西曰概。’”（1297A/1391A）

按：《方言》卷五：“槌，宋魏陈楚江淮之间谓之植，自关而西谓之槌，齐谓之样。其横，关西曰概，宋魏陈楚江淮之间谓之榯，齐部谓之持。”“槌其横”当标作“槌，其横”，《大字典》三字连读，非是。

103. 樥，chuì《字汇补·木部》：“樥，丑背切，音惙。《大般若经》载：五种黄门三日扇樥半，釋迦谓本来男根不满，不能生子。”（1307A/1394A）

按：此字原版拼读作 zhuì，余同。引《字汇补》“《大般若经》载五种黄门”当连读，下施逗号；“三日”原书作“三曰”，当读“三曰”，“三曰扇樥（搋）半釋（擇）迦”当连读，“谓本来男根不满，不能生子”即吴任臣对“扇樥（搋）半釋（擇）迦”之说解。

又：“扇搋半擇迦”为梵语音译词，佛家所谓五种黄门之一，《字汇补》“樥”字即“搋”之俗讹[1]。《大字典》标点割裂“扇樥（搋）半釋（擇）迦”一词，又于“釋迦”二字

---

1 参见杨宝忠《疑难字三考》“樥”字条，北京：中华书局 2005 年，160—161 页。

下标专名号，非是。

104. 櫛，②梳理头发。《字汇·木部》："櫛，又梳髮。夏禹櫛风沐雨。"（1302A/1397A）

按：《大字典·犬部》：狂，（一）⑭姓。《姓觿·阳韵》："狂，《郡国志》'古有狂国'，夏禹臣有狂章。"（1335A/1432A）其中"夏禹"二字专名号连标，是也；"櫛"下"夏禹"二字标作两个专名，非是。

105. 檢，jiǎn《广韵》居奄切，上琰见。⑩等同；齐比。《尔雅·释言》："檢，同也。"郭璞注："模范，等同。"（1303A/1398B）

按："模范等同"，文渊阁四库全书本《尔雅》注作"模范同等"，且四字当连读。《尔雅·释言》："幕，暮也。"郭璞注："幕然暮夜。"《释言》又云："罹，毒也。"郭璞注："忧思惨毒。"是其例。

106. 櫙，ōu《广韵》乌侯切，平侯影。侯部。②树木枯死。《广雅·释木》："櫙，椋也。"王念孙疏证："《集韵》云：'椋，木立死也。椋之言歺也。'前《释诂》云：歺，死也，亦言尼也。《尔雅》云：尼，止也，言其止息不复生也。"（1312A/1401B）

按：《大字典》引王念孙疏证语标点当作："《集韵》云：'椋，木立死也。'椋之言歺也，前《释诂》云：'歺，死也。'亦言尼也，《尔雅》云：'尼，止也。'言其止息不复生也。"《集韵》去声《霁韵》乃计切："椋，木立死。""椋之言歺也"

非《集韵》注文，不当标于引号内。

又:“榇之言歹也”语意未完，句末句号当改为逗号。

又:《广雅·释诂三》:“歹，死也。”[1] 此王念孙所谓“前《释诂》云”者也。王氏引《广雅·释诂》至“死也”而止，“死也”下逗号当改为句号;《大字典》标为逗号，则是将王氏疏证语“亦言尼也”混入《广雅》正文。

又:“亦言尼也”语意未完，“也”下句号当改为逗号。

又:《尔雅·释诂》:“讫、徽、妥、怀、安、按、替、戾、底、废、尼、定、曷、遏，止也。”王念孙疏证引《尔雅》“尼，止也”下当标句号，“言其止息不复生也”乃王念孙对“尼”“止”的解释，非《尔雅》语。《大字典》于“止也”下标逗号，则不仅“止也”为《尔雅》“尼”字训释，“言其止息不复生也”亦变成《尔雅》“尼”字训释，非是。

又: 王念孙引《集韵》《广雅》《尔雅》均属直接引用，《大字典》于王氏引《集韵》语加引号，引《广雅》《尔雅》语则不加引号: 同一情况处理不一，亦欠妥当。

107. 檿，yǎn《广韵》於琰切，上琰影。谈部。木名。檿桑，古称山桑。……《说文·木部》:“檿，山桑也。”朱骏声通训定声:“檿，按: 叶小于桑而多缺刻，性劲出，今山东登莱间蚕丝坚韧，谓之山茧。”（1308A—B/1403A）

按:《尚书·禹贡》“莱夷作牧，厥篚檿丝”宋·蔡沈集

1 《广雅》各本脱“死”字，此从王氏疏证本。

传云:“檿，山桑也。山桑之丝，其韧中琴瑟之弦。苏氏曰:惟东莱为有此丝，以之为缯，其坚韧异常，莱人谓之山茧。”《尔雅·释木》:“檿桑，山桑。”郝懿行义疏:“今山桑叶小于桑而多缺刻，性尤坚紧。”朱骏声所谓“性劲”即郝氏所谓“性尤坚紧”。《大字典》引朱氏语“叶小于桑而多缺刻性劲出今山东登莱间蚕丝坚韧谓之山茧”标点当作“叶小于桑而多缺刻，性劲，出今山东登莱间；蚕丝坚韧，谓之山茧”。“出”字当属下读。

又:“出今山东登莱间”说明山桑产地,“间”下当加分号。

又:“山茧”乃食山桑叶蚕所吐之丝茧，“山”为普通词语，其下专名号当删。

108. 樏,(二)lěi《广韵》落猥切,上贿来。〔樏具〕……后以樏具作为学官的曲（原版作“典”，是）故。宋苏轼《次韵钱舍人病起》:“殿门明日逢王傅，樏具争先看不疑。”（1409A）

按:《大字典》原版“不疑”二字下标注专名号（1313B），是也,“不疑”指隽不疑；第二版专名号仅标注在“疑”字下，非是。

109. 欓，（一）dǎng《广韵》多朗切，上荡端。《本草纲目·果部·食茱萸》:“时珍曰:此即欓子也……郑樵《通志》云欓:子，一名食茱萸。”（1422A）

按:“《通志》云欓”下《大字典》原版未标冒号（1325B），原版缩印本、第二版“欓”下冒号当标在“欓”

字前。此物一名檔子，一名食茱萸。《通志》卷七十六："檔子曰食茱萸，曰越。"此《本草纲目》所本。

110. 觖，（二）guì《广韵》诡伪切，去寘见。瘦极。《广韵·寘韵》："觖，瘦极。"清贺裳《皱水轩词筌》："长调推秦柳、周康为勰律……周清真虽未高出，大致匀净，有柳觖花䢐之致。"（1329A/1425B）

按：徐釚《词苑丛谈》卷四："长词推秦柳周康为协律，然康惟《满庭芳·冬景》[1]一词可称禁脔，馀多应酬铺叙，非芳旨也。周清真[2]虽未高出，大致匀净，有柳欹花䢐之致，沁入肌骨，视淮海[3]不徒娣姒而已。"此《皱水轩词筌》所本。"秦柳周康"当标作"秦柳周康"，谓秦观、柳永、周邦彦、康与之四人也。《大字典》标作"秦柳、周康"，则四人变作两人；且宋代善长调者，不闻有秦柳、周康二人。又："柳觖花䢐"形容婉约，其中"觖"字同"欹（攲）"，当训倾斜；《大字典》以为"瘦极"之例证，亦误。

111. 犴，（一）àn ⊜《广韵》五旰切，去翰疑。元部。①古时乡亭的拘留所，后泛指监狱。……《诗·小雅·小宛》"哀我填寡，宜岸宜狱"唐陆德明释文："岸，韦昭注《汉书》同《韩诗》作'犴'，音同。云：'乡亭之系曰犴；朝廷曰狱。'"

1 康与之《冬景》词，一题《寒夜》。

2 周邦彦号清真居士。

3 秦观号淮海居士。

（1333A/1429B）

按:《经典释文·毛诗音义中》:“宜岸，如字，讼也。韦昭注《汉书》同。《韩诗》作犴，音同，云:乡亭之系曰犴，朝廷曰狱。”此《大字典》所本而引用多有不妥:“岸”下释文云“如字”，谓《诗》“宜岸宜狱”之“岸”与堤岸之“岸”读音相同;下文“《韩诗》作犴，音同”，谓“犴”亦音堤岸之岸。今引释文不引“如字”二字，则下文“音同”二字前无所承，读者易误以“犴”字音同（徒红切），此一不妥也。“韦昭注《汉书》同”下当标句号，谓韦昭注《汉书》引《诗》亦作“岸”字，与《毛诗》同也。《汉书·刑法志》:“……狱豻不平之所致也。”颜师古注:“服虔曰:乡亭之狱曰豻（本《韩诗》）。臣瓒曰:狱岸，狱讼也（本《毛诗》）。师古曰:《小雅·小宛》之诗云:宜岸宜狱。瓒说是也。”颜师古注虽未引韦昭注，然引《诗》亦同《毛诗》。今“韦昭注《汉书》同《韩诗》作‘犴’”连读，则是韦昭注《汉书》引《诗》与《韩诗》并作“犴”，此二不妥也。“音同”语意未完，当标逗号，“云”字承前“《韩诗》”而言，“乡亭之系曰犴;朝廷曰狱”出《韩诗》也。《初学记》卷二十:“又《诗》曰:宜犴宜狱。《韩诗外传》云:乡亭之系曰犴，朝廷曰狱。”此其证。今“音同”下标句号，则“云”之主语不明，此三不妥也。“乡亭之系曰犴，朝廷曰狱”为并列复句，由两个简单的主谓分句构成，意在辨析“犴”“狱”两个近义词，“犴”下当标逗号;今标为分号，四不妥也。

112. 狀，zhuàng《广韵》锄亮切，去漾崇。阳部。②《三国志·吴志·鲁肃传》："会瑜已徙肃母到吴，肃具以狀语瑜。"（1430B）

按："肃母"谓鲁肃之母，"肃"为专有名词，"母"为普通名词，专名号当标作"肃母"；《大字典》标作"肃母"，专名号后延。《大字典》原版标作"肃母"（1334A），不误。

113. 狯，同"怯"。《说文》："狯，多畏也。从犬，去声。怯，杜林说，狯，从心。"（1339A/1436A）

按："怯杜林说狯从心"标点当作"怯，杜林说狯从心"，意谓杜林说"狯"字或从心作"怯"也。《大字典》"狯"字下引《说文》标点作"怯，杜林说，狯，从心"、"怯"字下引《说文》又标点作"怯，杜林说，狯从心"（2283B/2444A），皆有未妥。《大字典·艸部》"营"字下引《说文》："营，司马相如说，营或从弓。"（3177A/3386A）于通人"说"下亦标逗号，与此条同误。《大字典》"荄"字下引《说文》："荄，杜林说芰从多。"（3208A/3419B）"薐"字下引《说文》："薐，司马相如说薐从遴。"（3284A/3501B）标点均不误。

114. 狚，dàn《广韵》得按切，去翰端。又多旱切，当割切。③我国旧时少数民族之一。分布在广西壮族自治区三江侗族自治县一带。清闵叙《粤述》："狚人、狝人……皆依山谷为生，而不甚繁亦不剽掠。"（1436B）

按：《大字典》引《粤述》"而不甚繁"下当标逗号，"不甚繁"与"不剽掠"两句并列。《大字典》原版引《粤述》，引文到“而不甚繁”而止，句末标句号（1339B）。

115. 狙，jū《广韵》七余切，平鱼清。又《集韵》子余切。鱼部。①猕猴。《庄子·齐物论》：“狙公赋芧，曰：‘朝三而暮四’，众狙皆怒。曰：‘然则朝四而暮三’，众狙皆悦。”（1339A—B/1436B）

按：“朝三而暮四”“然则朝四而暮三”皆直接引语，相对独立，“暮四”“暮三”下逗号当改为句号，标在后单引号之内。

116. 狎，xiá《广韵》胡甲切，入狎匣。盍部。②驯养。《韩非子·说难》：“夫龙之为虫也，柔可狎而骑也。”（1339B/1437A）

按：“夫龙之为虫也柔”当连读，逗号标在“柔”字下。“龙之为虫”为之字结构做主语，“柔”做谓语，说明龙之性格；“也”字位于句中表示语气停顿。

117. 狒，fèi《广韵》扶沸切，去未奉。微部。〔狒狒〕1. 我国古代传说中的兽名。《尔雅·释兽》：“狒狒，如人，被发，迅走，食人。”郭璞注：“枭羊也。《山海经》曰：‘其状如人，面长唇黑，身有毛，反踵，见人则笑，交广及南康郡山中亦有此物，大者长丈许，俗呼之曰山都。’”（1342A/1439B）

按：郭璞注引《山海经》文字止于“见人则笑”，“交广”以下乃郭璞语。标点当作：郭璞注：“……《山海经》曰：‘其状如人，面长唇黑，身有毛，反踵，见人则笑。’交广及南康郡山中亦有此物，大者长丈许，俗呼之曰山都。”《山海经·海内南经》云:“枭阳国在北朐之西,其为人人面、长唇、黑身、有毛、反踵,见人笑亦笑。”郭璞注:“今交州、南康郡深山中皆有此物也。长丈许,脚跟反向,健走,被发,好笑;雌者能作汁,洒中人即病。土俗呼为山都。”

118. 虓,xiāo《广韵》许交切,平肴晓。又胡茅切。②古县名。在今山东省……清顾祖禹《读史方舆纪要·山东二·济南府》:“虓城亦在(章邱)县西……”(1451A)

按:原版引《读史方舆纪要》标点作“虓城亦在(章邱)县西……”。“章邱县”为专名,标专名号是也;“西”为方位名词,不得与“章邱县”连标作一个专名。《大字典》第二版标作“(章邱)县西”,专名号后延。

119. 獠,(二)sāo 妖淫。清翟灏《通俗编·妇女》:“《杨升菴外集》獠音搔,今骂獠奴本此。按:今骂者之意,乃谓妇人妖淫,并不谓其贱陋。”(1366B—1367A/1466A)

按:“獠音搔,今骂獠奴本此”为《通俗编》直接引用杨慎语,“《杨升菴外集》”下当标冒号。

又:“獠音搔,今骂獠奴本此”当标作“‘獠,音搔。今骂獠奴本此。’”其中“獠,音搔”是对《南史》“獠”字的注音;“今骂獠奴本此”谓本于《南史》“王琨,獠婢所生”也。明·杨慎《升菴集》卷四十八:“《南史》:王琨,獠婢所生。”自注云:“獠,音搔。今骂獠奴本此。”此《通俗编》所本。

120. 獠,(二)sāo 妖淫。杨树达《积微居小学金石论丛·长沙方言续考》:“曹君孟其云:‘《南史》:王琨獠婢所生獿犹媚说（悦）人也。’今长沙犹曰獿丫头。”《南史·王华传附王琨》：“父怿不辨菽麦，时以为殷道矜之流。人无肯与婚，家以獿婢恭心侍之，遂生琨。”（1366B—1367A/1466A）

按：“王琨獿婢所生獿犹媚说（悦）人也”当标点作“王琨，獿婢所生。獿，犹媚说（悦）人也”。“王琨，獿婢所生”意引《南史》语，引语已完，“生”下当标句号；“獿，犹媚说（悦）人也”乃杨树达引曹孟其对“獿”字的解释，“獿”为被释词，“犹媚说（悦）人也”为训释词语，“獿”字下当标逗号。《大字典》“王琨獿婢所生獿犹媚说（悦）人也”十二字连读，是混意引《南史》文字与引曹孟其训释文字为一，殊为不妥。

又：“獿”音 sāo、训妖淫，今字作“骚”。

121. 獸，同“獨”……方成珪考正：“此《山海经·北山经》：‘北嚣山之兽也’。……”（1367A/1466A）

按：《山海经·北山经》：“北嚣之山……有兽焉，其状如虎，而白身、犬首、马尾、彘鬣，名曰獨狢。”此方成珪所本。“此山海经北山经北嚣山之兽也”标点当作“此《山海经·北山经》北嚣山之兽也”，其中“此”字做主语，“《山海经·北山经》北嚣山之兽”为名词性词组做谓语。方成珪意谓《集韵》“獸狢”即《北山经》之“獨狢”。“北嚣山之兽也”并非直接引文，《大字典》所标单引号并前面冒号均当删除。

122. 㺛，zhù《广韵》之戍切，去遇章。①古乡名。《广韵·遇韵》：“㺛，乡名，在河南。”（1469A）

按：原版专名号标在“河南”二字下（1370A），是也。《汉书·地理志》河南郡属县有河南县。

123. 獚，(一) guǎng《广韵》居往切，上养见。又古猛切。阳部。④唐陆德明释文："《广雅》云：殷虞、晋獒、楚獚、韩獹、宋浞，皆良犬也。"(1374B/1474A)

按：《广雅·释兽》犬属有"殷虞、晋獒、楚黄、韩獹、宋浞。"《尔雅》释文引《广雅》"黄"作"獚"。"皆良犬也"非《广雅》语，释文引《广雅》"宋浞"下逗号当作句号。如《大字典》标点，则是将陆德明之语混入《广雅》。

124. 戒，同"戒"。罗振鋆、罗振玉《增订碑别字·卦韵》："戒，戒也。"自注："汉置孔庙《百石卒史碑》。"(1403A/1506A)

按：《增订碑别字》注文之意为"戒"字见《汉置孔庙百石卒史碑》，"汉置孔庙"四字当标在书名号之内。《隶辨》卷七："孔龢碑，永兴元年，今在曲阜县孔庙中，无额；凡十八行，行四十字。孔子十九世孙麟廉请置百石卒史，鲁相乙瑛言之于朝，司徒吴雄、司徒赵戒奏于上。瑛已满秩去，后相平复上于朝，除孔龢补名，因立此碑。今谓之《百石碑》。《金石录》作《孔子庙置卒史碑》。《集古录》以为《吴雄修孔子庙碑》，盖考之不详也。"或称《孔庙置守庙百石孔龢碑》，或称《汉鲁相乙瑛奏置孔庙百石卒史碑》，或称《孔庙置守庙百石卒史孔龢碑》，简称《乙瑛碑》《孔龢碑》，碑存曲阜孔庙。据碑文内容，"置"的对象是百石卒史，即为孔庙设百石卒史的碑。《大字典》将此碑标点作"汉置孔庙《百石卒史碑》”，则“置”的对象变为碑，意思变作立于孔庙的《百石卒史碑》，未妥。

125. 威，wēi《广韵》於非切，平微影。微部。①指丈夫的母亲。《广雅·释亲》：“姑，谓之威。”（1404A/1507B）

按：“某谓之某”为训诂体式之一，《广雅》多见。《大字典》引《广雅》“姑”下逗号当删。

126. 戣，“数”的讹字。《字汇补·戈部》：“戣，床缩切。姓也。《姓氏急就章》：‘尊延稽阮进鼆戣。’注云：‘梁四公戣鮨。’”（1509A）

按：此字原版作：戣，shú《字汇补》床缩切。姓。《字汇补·戈部》：“戣，姓也。《姓氏急就章》：‘尊延稽（转行）阮进鼆戣。’注云：‘梁四公戣鮨。’”（1406A）第二版以“戣”为“数”的讹字，当是参考杨宝忠《疑难字考释与研究》进行了修改。宋·王应麟《姓氏急就篇》[1]卷上：“尊延嵇阮进鼆（“鼆”字之误）戣。”王应麟注：“鼆音万，戣音赎。”此《字汇补》所本。《姓氏急就篇》“仿史游《急就篇》体，以姓氏诸字排纂成章，以便记诵。文词古雅，不减游书。又虽以记录姓氏为主，而胪列名物，组织典故，意义融贯，亦可为小学之资。篇中凡单姓皆无重字，篇末列二字、三字诸姓，则不免复出。盖义取兼载，势难相避。”[2]就姓氏用字而言，“尊

1 四库本、元刻明修本并题《姓氏急就篇》。

2 引文见《四库全书总目》卷一百三十五。

延嵇阮进黝棥”为七姓；就文意而言，“嵇阮”指竹林七贤之嵇康、阮籍，“黝棥”指梁四公子之黝杰、棥䵩。“黝棥”二字《大字典》标作两个专名，是也；“稽（嵇）阮”二字《大字典》第二版标作一个专名，非是。

127. 戜，tì《字汇补》透帝切。〔有戜氏〕国名。《字汇补·戈部》：“戜，《山海经》：‘有戜氏之国。’”（1407B/1511A）

按：《字汇补·戈部》：“戜，透帝切，音替。《山海经》有戜氏之国。”（532下）此《大字典》所本。“《山海经》有戜氏之国”乃一般陈述句，非直接引用《山海经》原文，标点当作“《山海经》有戜氏之国。”“戜氏之国”即“臷民之国”，亦即“臷国”。《山海经·大荒南经》：“南海渚中……有臷民之国，帝舜生无淫，降臷处，是谓巫臷民。巫臷民朌姓，食谷，不绩不经服也，不稼不穑食也。”此“臷民之国”所从出而《字汇补》所据本“臷民”作“戜氏”也。又《海外南经》云：“臷国在其（三苗国）东，其为人黄，能操弓射蛇。一曰臷国在三毛东。”郭璞注：“臷，音秩，亦音替。”《字汇补》“戜”字音替，与“臷”字形近音同。《大字典·歹部》“殀”字下引《列子·汤问》“楚之南有炎人之国”，“炎人之国”标作“炎人之国”（1380A/1479B），“戜”字下引《字汇补》“《山海经》有戜氏之国”专名号标作“有戜氏之国”，专名号前扩而后缩。

128. 䩐，yù ㊀《广韵》於六切，入屋影。同“䮳”。有文采……清邵瑛《说文解字群经正字·有部》：“䮳，汗简载

古《论语》作戫，盖𢨋之省。”（1410A/1513B）

按:《汗简》三卷，目录、叙略一卷，宋·郭忠恕撰[1]。“汗简”为书名，当标书名号。《汗简》卷中之一引古《论语》“郁”字古文作“[illegible]”，邵瑛引作“戫”者，即“[illegible]”字之楷定。

129. 敼，wéi《广韵》雨非切，平微云。微部。同“違”。王念孙疏证：“……《文·十八年·左传》作‘靖譖庸回’。”（1470A/1576A）

按:《左传》是一部编年体史书，据春秋鲁国国君在位时间编年，起自鲁隐公元年（前722年），迄于鲁哀公二十七年（前468年）。今人引用《左传》，习惯标为《左传·某公某年》，如:《左传·隐公元年》。清人引用是书，则习惯省“公”字，其表达形式为“谥+某年+左传”（引用《谷梁传》《公羊传》同）。对于清人引用《左传》这种表达形式，《大字典》标点颇不一致:或仅“左传”二字加书名号，如:《土部》“坬”字第一音项第一义项引王念孙《广雅疏证》:“……襄九年《左传》注云:……”（1422A/1523B）《木部》“椹”字注云:（一）zhēn 王念孙疏证:“昭八年《谷梁传》‘置旃以为辕门，以葛覆质以为槷’范宁注云‘质，椹’是也。”（1243A/1333B）或将“谥号某年左传”标为书名，如:《木部》“枚”字第五义项:“王念孙疏证:‘《昭十二年左传》:“……”’”（1171A/1254B）《犬部》“狡”字第八义项:王念

1 见《四库全书提要》。

孙杂志："……《昭元年左传》注曰：'绞，切也。'"（1345B/B1443A）又第十义项：王念孙杂志："……《襄九年左传》：'弃位而娇，不可谓贞。'"（1346A/B1443A）此"皲"字下说解又作：王念孙疏证："……《文·十八年·左传》作'靖譖庸回'。"上述三种书名号标注情况，笔者以为当以"襄九年《左传》""昭八年《谷梁传》"为是。此种标注方式，书名号与书名相应。"《昭十二年左传》""《襄九年左传》"等，书名号与实际书名不相应，读者会误以书名为"昭十二年左传""襄九年左传"等。"《文·十八年·左传》"的标注最不合理，根据书名号标注习惯，读者会误以"文"是书名，而"十八年"会误以为该书的组成部分，"左传"又会误以为"十八年"的组成部分。

130. 敽，(一) xiāo《字汇补》许昭切。〔敽阳〕汉代地名。《字汇补·攴部》："敽，地名。《汉（书）·王子侯表》：'敽阳侯延年。'"按："敽阳"，今本《汉书·王子侯表》作"歊安"。（1577B）

按："敽阳侯延年"，原版标作"敽阳侯延年"（1472A），是也。"敽阳侯"为刘延年之封号，延年为人名。

131. 旨，zhǐ《广韵》职雉切，上旨章。脂部。⑥助词。用于句中。清朱骏声《说文通训定声·履部》："旨，助语之词。《左襄十一传》：'乐旨君子'与用'只'同。"清李赓芸《炳烛篇》卷二："《诗》：'乐只君子'，《衡方碑》作'乐旨'。"（1485B—1486A/1593A）

按：引《说文通训定声》“《左襄十一传》”为“乐旨君子”限定成分，引《炳烛篇》“《诗》”为“乐只君子”限定成分，两处冒号皆当删。

又：“《左襄十一传》”即《左传·襄公十一年》，建议改为“《左·襄十一传》”。《大字典》“郮”字下引王筠句读“左昭二十三年传”标作“《左·昭二十三年传》”（3773A/4022A），是其例。

132. 易，《说文》：“易……《秘书》说，日月为易，象阴阳也。”（1494A/1601B）

按：《说文》所谓“秘书”是对纬书的总称，不当标为书名。“日月为易”见《易》纬《周易参同契》。《大字典》“瞋”字下引《说文》“䀹，秘书瞋从戌”，“秘书”二字不加书名号（2505B/2682B），是也。

又：“日月为易”为“秘书”所说内容，“说”下逗号当改为冒号，“易”下逗号当改为句号。

133. 㫠，〔㫠怯〕水名。《字汇补·日部》：“㫠，㫠怯，水名也。其水濯之能腐手。见《佛经》。音未详。”（1502A/1612A）

按：“见佛经”之说有误，“佛经”二字不当标为书名。明·唐顺之《稗编》卷五十五：“悉唐制角，㫠怯腐手（原注：见佛经）。”此“㫠怯”字用例。“㫠怯”之“㫠”当作“畔”，“畔怯”为“畔茶怯水”之省。《路史》卷四十七：“畔怯腐手：婆罗门有畔茶怯水，出山石坎下，七色，或冷或热，能消金石草木，手探亦腐。取以驼骨，石人守之。"《说略》卷三、《玉芝堂谈荟》卷二十四、《格致镜原》卷八亦作"畔茶怯水"。《丹铅续录》卷三："悉唐制角，畔怯腐手（见佛经）。"唐顺之、杨慎、吴任臣谓"畔（畔）怯"见佛经，其说非是，佛经未见"畔茶怯水"用例。《天中记》卷九引《新唐书》云："畔怯，婆罗门诸国有畔茶怯水，出山石臼中，有石象人守之。水有七种色，或冷或热，能销草木金铁，人手探入辄烂。以橐驼髑髅转注瓠中。"《新唐书·西域列传·天竺国》："又使者走婆罗门诸国，所谓畔茶法水者，出石臼中，有石象人守之。水有七种色，或热或冷，能销草木金铁，人手入辄烂。以橐它髑髅转注瓠中。"《文献通考》卷三百三十八、《渊鉴类函》卷二百三十八亦作"畔茶法水"。《新唐书》所载又出《酉阳杂俎》。《酉阳杂俎》卷七："王玄荣俘中天竺王阿罗那顺以诣阙，兼得术士那罗迩（一有娑字）婆，言寿二百岁，太宗奇之，馆于金飙门内。造延年药，令兵部尚书崔敦礼监主之。言婆罗门国有药名畔茶佉水，出大山中石臼内，有七种色，或热或冷，能消草木金铁，人手入则消烂。若欲取水，以骆驼髑髅沉于石臼，取水转注瓠芦中。每有此水，则有石柱似人形守之。"《册府元龟》卷九百二十二亦作"畔茶佉水"。"怯""法""佉"三字形近，当作何字虽尚不能遽定，"畔"为"畔"字之误似可无疑。

134. 呰，（三）少数民族姓。明沈德符《万历野获编·土司·夷姓》："夷姓又别有茶、只、伽、卡、阿、绞、岁、呰矣。

此等字，俱中华所无。”（1512A—B/1621B）

按：“矣”亦夷姓，“砦”下当标顿号。明·谢肇淛《滇略》卷九（文渊阁四库全书本）：“夷酋姓多曰刀、曰罕、曰曩者。相传国初平诸夷时，太祖恶其反复，赐以刀、曩、斧、砍四姓。今砍作罕，亦作坎；但无斧姓者，想灭绝耳。夷姓则有茶、只、伽、卡（可打切）、阿、绞、蛈、砦、矣、喇字等，俱中国所无也。”此其证。《大字典》“砦”下不加顿号，是以“矣”为句末语气词也，非是。

135. 晋，同“晋”……明田艺蘅《留青日札·甘露》：“晋《中兴书》曰，甘露降，耆老得敬，则松柏受之。”（1517B/1627A）

按：“晋”字当标在书名号之内。《隋书·经籍志二》：“《晋中兴书》，七十八卷，起东晋，宋湘东太守何法盛撰。”《旧唐书·经籍志上》：“《晋中兴书》，八十卷，何法盛撰。”《旧唐书·礼仪志五》：“凡非我失之，自我复之，谓之中兴，汉光武、晋元帝是也。”宋·王观国《学林》卷二：“中兴者，在一世之间，因王道衰而有能复兴者，斯谓之中兴……汉之世尝衰矣，光武能复兴汉室，故光武谓之中兴；晋之世尝衰矣，元帝能再造晋室，故元帝谓之中兴。”公元 265 年，司马炎代魏称帝，国号晋，建都洛阳，史称西晋，公元 316 年为前赵所灭；公元 317 年，西晋宗室司马睿在建康重建晋室，为晋元帝，史称东晋，又称晋室中兴、晋中兴。《晋中兴书》为东晋史书，故称。

又：唐·徐坚《初学记》卷二《天部·露》：“《晋中兴书》

曰：'甘露降，耆老得敬，则松柏受之；尊贤容众，则竹苇受之。'"《留青日札》"甘露降，耆老得敬，则松柏受之"为《晋中兴书》直接引语，《大字典》"曰"下逗号当改为冒号。

136. 會，《说文》："會，合也。从亼，从曾省。曾，益也。㣛[1]，古文會如此。"段玉裁注："《礼经》：器之盖曰會，为其上下相合也。"（1524A/1634B）

按：《礼经》为《仪礼》异称。《仪礼》无"器之盖曰會，为其上下相合也"之语，亦无"器之盖曰會"之语。段玉裁"礼经器之盖曰會，为其上下相合也"标点当作"《礼经》器之盖曰會，为其上下相合也"，意谓《仪礼》器盖叫作"會"，是因为器盖与器身可上下相合。《仪礼·士虞礼》："命佐食启會。"郑玄注："會，合也。谓敦盖也。"又《士丧礼》："敦启會，却诸其南，醴酒位如初。"郑玄注："會，盖也。"[2]此《礼经》器盖曰"會"之证。《大字典》"《礼经》"之下标冒号，是将"器之盖曰會，为其上下相合也"视为段玉裁引《仪礼》文，欠妥。

137. 䁤，同"昏"。《字汇补·日部》："䁤，与昏同。古无此字，元子创之，谥隋炀帝曰䁤。《佩觿集》次山之昏畔加荒。"（1539B/1650B）

---

1 㣛，《大字典》原版作"彸"，并误。其字《说文》作"㣛"，隶定当作"㣛"。

2 此二例并见《大字典》"會"字下第一音项第一义项所引。

按：宋·郭忠恕《佩觿》卷上："文帝之随中去辵，次山之昏畔加荒，其多僻有如此者。"自注："元子谥隋炀帝曰䵍。"《字汇补》引《佩觿》"次山之昏畔加荒"为直接引语，《佩觿集》下当加冒号，"次山之昏畔加荒"当加引号（为节省篇幅、版面整洁也可不加引号；但加与不加，全书当统一）。

138. 沋，yóu《广韵》羽求切，平尤云。之部。水名。在山东省高密市。《说文·水部》："沋，水也。"段玉裁注："盖即《左传》尤水，上文之治水也。"（1561B/1673A）

按："盖即《左传》尤水上文之治水也"意谓大概就是《左传》中的尤水、《说文》上文的治水。"《左传》尤水"与"上文治水"为同位语，其间当标顿号。《说文》十一篇上《水部》："治，水出东莱曲城阳丘山，南入海。从水，台声。"段玉裁注："城当作成，字之误也……《前志》曲成下曰：阳丘山，治水所出，南至沂入海。按沂字疑误；一本作至临沂，尤误。当作计斤二字。今掖县东南三十里有阳邱山，亦名马鞍山。今治水名小沽河，自掖县马鞍山南流至平度州东南，与出登州府黄县之大沽河合流，迳即墨，至胶州之麻湾口入海。《一统志》曰：《左传·昭二十年》'姑、尤以西'杜注：'姑水、尤水皆在城阳郡，东南入海。'《齐乘》：'姑即大沽河，尤即小沽河。'玉裁谓：尤古音读如贻，与治同在第一部。《齐乘》之言可信也。"（540 上）《说文》"治"字列"沋"字之上，段玉裁以为"沋水"即《左传》之"尤水"、《说文》

之“治水”，故云“〔沈水〕盖即《左传》尤水、上文之治水也”。《大字典》“尤水”下漏标顿号，致使段注语意不明。

139. 汽，（二）gài《集韵》居代切，去代见。同“蟣”。接近。……按:《尔雅·释诂下》:“蟣，汽也。”郭璞注:“谓相摩近。”陆德明释文:“汽，古爱反。施:音既。樊、孙:虚乞反。”（1566B/1678B）

按:《大字典》引《经典释文》“某氏音某”或“某氏某某反”，第一个代替姓氏的“某”字例不加冒号，“施”“樊、孙”下冒号皆当删。又:《经典释文》援引经典旧注作者，多省名称姓;《大字典》于此类省称，或补出名字，或不补，体例亦不统一。此条引文“施”为施乾，“樊”为樊光，“孙”为孙炎。

140. 沂，《说文》:“沂，水。出东海费东，西入泗。从水，斤声。一曰沂水出泰山盖，青州浸。”（1567B/1679B）

按:《汉书·地理志上》东海郡辖38县，其中有费县，无费东县。“出东海费东”专名号当标作“出东海费东”，《大字典》标作“出东海费东”，不确。

141. 汾，（三）fēn《〈文选·长杨赋〉李善注》音纷。（1569A/1681A）

按:“李善注”不是《文选·长杨赋》的组成部分，三字当从书名号移出，标点作“《文选·长杨赋》李善注音纷”。

142. 泲，jǐ《集韵》子礼切，上荠精。脂部。④挤出。宋彭大雅《黑鞑事略》:“马之初乳，日则听其驹之食，夜则聚之以沛，贮以革器。”徐霆疏证：“霆尝见其日中沛马奶矣……沛之之法，先令驹子啜教乳路来，即赶了驹子，人即用手沛下皮桶中。（1570A/1682B）

按：《大字典》引《黑鞑事略》徐霆疏证“先令驹子啜教乳路来”，“啜”下当标逗号。“先令驹子啜”是手段，“教乳路来”是目的。

143. 洞，（三）yǐng 同“潁”。水名……《水经注·潁水》：“《吕氏春秋》曰：卞随耻受汤让，自投此水而死。张显《逸民传》、嵇叔夜《高士传》，并言投洞水而死。”（1586B—1587A/1700B）

按：“张显《逸民传》、嵇叔夜《高士传》”是并列成分，做主语；“并言投洞水而死”是动宾结构，做谓语。“《高士传》”下逗号当删。

144. 汪，“洭”的讹字。朱谋㙔注笺：“孙云：‘汪水当作洭水，《汉志》南海郡中宿县有洭浦。’”（1610B/1725A）

按：《汉志》为《汉书·地理志》简称。《汉书·地理志下》南海郡辖六县，有中宿县（县下原注：“有洭浦官。”颜师古注：“洭，音匡。”）而无宿县，故“南海郡中宿县”当标作“南海郡中宿县”，《大字典》标作“南海郡中宿县”，“中宿县”下专名号后缩。

145. 淵，同“淵”。《改并四声篇海·水部》引《类篇》：“淵音淵。”（1625B/1742B）

按：《大字典》引《篇海》引《类篇》“淵”是被释字，“音渊”说明“涃”字读音，“涃”下当标逗号。

146. 㴐，（一）wèn 同“汶”。《字汇补·水部》：“㴐，古汶字。《说文先训》曰，古志叙州驿名㴐川，今省作‘汶’，以此考‘汶’盖‘㴐’之省也。”（1649B/1768A）

按：“古志叙州驿名㴐川，今省作‘汶’”乃《字汇补》引杨慎《说文先训》语，《大字典》引《字汇补》“《说文先训》曰”下逗号当改为冒号，“今省作‘汶’”下逗号当改为句号。

147. 渧，同“浸”。《史记·建元以来王子侯者年表》：“扶渧，城阳顷王子。”（1664B/1783B）

按：汉元狩元年，城阳顷王之子刘昆吾受封扶渧侯。“城阳顷王子”，中华书局点校本标作“城阳顷王子”（1109），是也；《大字典》标作“城阳顷王子”，专名号后延。

148. 温，wēn《广韵》乌浑切，平魂影。谆部。⑫姓。《通志·氏族略三》：“温氏，姬姓。唐叔虞之后。晋郤至为温大夫，号温季，因以为氏。”（1796B）

按：《大字典》原版“温季”二字下标专名号（1676B），是也；第二版专名号仅标于“温”字下，专名号前缩。

149. 㴳，同“垄”。按：“垄”，《说文》水，土二部重收，《玉篇》仅入《土部》。（1693A/1814B）

按：“垄”字《说文》两见：一见《水部》，一见《土部》。《说文》十一篇上《水部》：“垄，涂也。从水，从土，龙声。读若陇。”又十三篇下《土部》：“垄，涂也。从土，㴳声。”徐铉等曰：“《水部》已有，此重出。”《大字典》“《说文》水，土二部重收”，“水”“土”二字平列，中间当用顿号。

150. 涫[1]，“涫”的讹字。《广韵·东韵》：“涫，县名，在酒泉。”《集韵·东韵》音义同。方成珪考正：“‘涫’乃‘涫’之讹。前、后《汉志》可证。此沿《篇》《韵》而失考也。”（1708B/1831A）

按：清人所称“篇韵”多为《玉篇》《广韵》省称，应标作《篇》《韵》。《玉篇·水部》：“涫，居隆切。县名。”《广韵》平声《东韵》居戎切：“涫，县名。在酒泉。”《集韵》“涫”字亦音宫、训县名在酒泉，故方成珪斥其为沿《篇》《韵》之误。《大字典·頁部》：“靘，〔靘顣〕2. 好貌。《集韵·支韵》：‘顣，靘顣，一曰好皃。’方成珪考正：‘靘讹靚，据《篇韵》及本书十四清，咨盈切正[2]。’”（4377A/4665B）其中《篇韵》亦是《玉篇》《广韵》省称，亦当标作《篇》《韵》。《大字典·水部》“溼”字下引《说文》段玉裁注：“小盖下之误。《篇》《韵》皆云‘下湿’，从古本也。”（1774B/1902B）标注不误。“樀”下引《说文》段注“郭注《尔雅》及《篇》《韵》皆云屋梠”，亦不误（1284A/1376B）。“虪”字下引《说文》“虪，虎声也”并引段注“《篇韵》作虪”（2832A/3024B），“篇

---

1 第二版用新字形，而此字仍从旧字形。

2 “据《篇韵》及本书十四清，咨盈切正”当标点作“据《篇》《韵》及本书《十四清》咨盈切正”。《集韵》平声《清韵》咨盈切：“靘，靘顣，头不正。”此方成珪所本。《清韵》在《广韵》《集韵》中位于下平声第十四，故称《十四清》。

韵”标作一书，仍误。

151. 滹，（一）hū《广韵》荒乌切，平模晓。③姓。《篇海类编·地理类·水部》：“滹，姓。”《字汇·水部》：“滹，姓。《前汉功臣表》下摩侯滹毒尼。”《汉书·景武昭宣元成功臣表》“滹”作“謼”。（1844B）

按：《汉书》又称《前汉书》，省称“《前汉》”。《字汇》“前汉功臣表”即《汉书·功臣表》，“前汉”与“功臣表”之间当用间隔号。

152. 潰，“瀆”的讹字。《墨子·大取》：“圣人之附潰也，仁而无利爱。”梅季林金保注：“潰，当是瀆之形误。”（1879A）

按：《白话墨子》，岳麓书社 1991 年出版，校译者为梅季、林金保二人。《大字典》标点作“梅季林金保”，是将二人标作一人。

153. 潚，（三）sōu《字汇补》苏鸠切。同“溲”。淘米。《字汇补·水部》：“潚，与溲同，淘米也。陶隐居《本草注》：‘青精饭法以南烛枝叶煮汁以潚米，米釋炊之。’自注‘潚’即‘溲’字。”（1764B/1891A）

按：“青精饭法”即“青精干石䭀饭法”。“青精饭法”之下当加冒号，“以南烛枝叶煮汁”以下说明此饭做法。

又：“自注”下亦当加冒号，“潚即溲字”即其所引注文。

又：《字汇补》谓“潚”字出陶隐居《本草注》、又谓陶隐居自注：“潚’即‘溲’字”，所据恐非第一手资料。宋·祝穆《古今事文类聚前集》卷八“青精饭”条云：“杨柳叶、细冬青，居人遇寒食，采其叶染饭，色青而有光，食之资阳气，道家谓之青精干石飢（䭀）饭。陶隐居《登真隐诀》有太祖真人青精干石飢（䭀）饭法。又云取南烛草木叶煑汁渍米炊。又名黑饭。杜甫诗：'岂无青精饭，使我颜色好。'郑畋诗：'圆明青飢（䭀）饭，光润碧霞浆。'（《零陵总记》）"宋·唐慎微《证类本草·木部下品·南烛》注云："陶隐居《登真隐诀》载太极真人青精干石䭀饭法。䭀，音迅。䭀之为言飱也。谓以酒密药草为飱，搜（溲）而暴之也。亦作䃉。凡内外诸书并无此字，惟施于今饭之名耳。"宋·王观国《学林》卷八（清武英殿聚珍版丛书本）："陶隐居《登真诀》有干石青精䭀饭法。䭀，音迅，谓飱也。其法用南烛草木浸米蒸饭，暴干，其色青如鷖珠，食之，可以延年却老。此子美所谓青精饭也。《神农本草·木部》有南烛枝叶，久服，轻身长年，令人不饥，益颜色；取汁炊饭，又名黑饭。草在道书，谓之南烛草木；在《本草》，谓之南烛枝叶。盖一物也。"《普济方》卷二百六十四《服饵门》："太极真人青精干石䭀饺（饭）法（出本草方）：以生白梗米一斛五斗，更舂治，淅取一斛二斗；南烛木叶五斤，燥者用三斤亦可；杂茎皮益加[1]。煮取汁，极令清冷，以潚[2]米，米汁（释），炊之。潚，即搜（溲）字也。"（756 册 408 下）《佩

1 加，《云笈七签》卷七十四作"佳"。

2 潚，《本草纲目》卷二十五作"溲"。

鵩》卷上："鲁国泂水、吴兴大舶，浉则申州川名、䬸则登真药诀：其独擅有如此者。"自注："《登真隐诀》有䬸饭方。"据此，"䬸""潚"二字出陶弘景《登真隐诀》所载《太极真人青精干石䬸饭方》，而非《本草经注》。若"潚"字果真见陶弘景《本草经注》，亦不必自注"潚，即溲字"。

154. 瀏，（二）liū《〈元曲选〉臧懋循音释》柳平声。（1780A/1908A）

按："臧懋循音释"并非《元曲选》组成部分，当从书名号中移出，标作"《元曲选》臧懋循音释柳平声"。

155. 灋，（一）fàn《广韵》符万切，去愿奉。元部。喷涌的泉水。《说文·泉部》："灋，泉水也。"段玉裁注："……《淮南》书云：'莫鉴于流瀪，而鉴于澄水。'许注云：'楚人谓水暴溢为瀪。'"（1791B/1919B）

按："淮南书"是《淮南子》的古称，当标作《淮南书》。《论衡·命禄篇》："《淮南书》曰：仁鄙在时，不在行；利害在命，不在智。"引文见《淮南子·齐俗篇》。又《对作篇》云："《淮南书》言：共工与颛顼争为天子，不胜，怒而触不周之山，使天柱折，地维绝。"引文见《淮南子·天文篇》。《文选·郭璞〈江赋〉》："磴之以瀿瀷，渫之以尾閭。"李善注："《淮南子》曰：莫鉴于流瀿，而鉴于澄水。许慎曰：楚人谓水暴溢为瀿。瀿，扶园切。"此段玉裁所本。今本《淮南子·俶真篇》作"人莫鉴于流沫，而鉴于止水"。

156. 掖，《说文》："掖，以手持人臂投地也。从手，夜声。

一曰臂下也。”姚文田、严可均校议：“掖，《左传·僖廿五年·释文》引无‘投地’二字。”（1903B/2015A）

按：表示书名与篇（章、卷）名之间的分界是间隔号的用法之一，如：《中国大百科全书·语言文字》《三国志·蜀志·诸葛亮传》[1]，书名号中使用一个间隔号，间隔号前的文字是书名，间隔号后的文字是书的直接组成部分；使用两个间隔号，第一个间隔号后、第二个间隔号前的文字是书的直接组成部分，第二个间隔号后的文字是第一个间隔号后、第二个间隔号前的文字的直接组成部分，是书的间接组成部分。《大字典》所引姚文田、严可均《说文校议》中的“释文”指唐·陆德明为《左传·僖公二十五年》“掖”字所作音义，二字当标在书名号外；今标于书名号内，则是以“释文”为《左传》的组成部分，非是。

157. 搸，zhēn《广韵》侧诜切，平臻庄。②琴瑟声或与之相近的声音……清翟灏《通俗编·声音》：“搸，今释家手磬，及伶人所谓星儿者。其声俱搸搸然，或求其字不得，愚谓此可借用。”（1928A/2042A）

按：“今释家手磬，及伶人所谓星儿者”语意未完，“者”下句号当改作逗号。“释家手磬”与“伶人所谓星儿者”为并列词组，“及”为并列连词，相当于“与”“和”，“磬”下逗号可删。

1 参见《语言文字规范手册·标点符号用法》，348 页。

158. 揩，hāi《广韵》户来切，平咍匣。又古哀切。触。清翟灏《通俗编·杂字》："揩,《集韵》：'触也。'吕种玉《言鲭》：'俗以网兜物曰揩兜'即此。"（1932A—B/2046B）

按："吕种玉《言鲭》'俗以网兜物曰揩兜'即此"当连读，"《言鲭》"下冒号当删。"俗以网兜物曰揩兜"并非直接引语，乃翟灏语一部分，《大字典》于《言鲭》下加冒号，"兜"下又不加句号，欠妥。

159. 撒，同"撚"。……一说"撇"的讹字。《正字通·手部》："撒，旧注音碾，与撚同。按从赦非撚音。《六书故》：撇，山戛切；撇掷也。古无撇即用椒字，旧本林讹从赤，非。"（1942A/2056B）

按："撇"，同"撒"。"古无撇"下当用逗号。"古无撇，即用椒字"谓古无"撇"字，"撇"字之义即用"椒（散）"字为之。《正字通》之意，"椒（散）""撇（撒）"是古今字。

160. 撊，jiān《集韵》居言切，平元见。〔撊子〕摴蒲，古代博戏名。《集韵·元韵》："撊，撊子，摴蒲，采名。"（1948A/2062A）

按：《大字典》引《集韵》"摴蒲采名"当连读。摴蒲是古代一种博戏，以五木为子（类似今之骰子），分别刻枭、卢、雉、犊、塞为胜负之采，枭为胜采。明·彭大翼《山堂肆考》卷一百六十九《五木》："古者乌曹氏作博，以五木为子，有枭、卢、雉、犊、塞为胜负之采，博头（骰）有刻枭形者为最胜，卢次之，雉、犊又次之，塞为最下。"玄应《一切经音义》卷十三："楗（一作"鞬"）撅，宜作⿰扌臬，建言反。《文字集略》云：⿰扌臬，樗蒲采名也。"（32 册 178 上）笺注本《切韵》（斯 2071）平声《元韵》："⿰扌臬，槫（樗）蒲采名。居言反。"（115）故宫本《王韵·元韵》："⿰扌臬，居言反。槫（樗）蒲采名。"（451）此"⿰扌臬"字之早见者。字或作"⿰木臬"，《广韵·元韵》："⿰扌臬，居言切。⿰扌臬子，樗蒲采名。⿰木臬，上同。"《集韵·元韵》："⿰扌臬、⿰木臬，居言切。⿰扌臬子，摴蒲采名。或从木。"《玉篇·木部》："⿰木臬，居言切。⿰木臬子，樗蒲彩。"[1] 又《手部》："⿰扌臬，居言切。摴蒲彩。""⿰扌臬（⿰木臬）"训樗蒲采名，字本作"臬"。《增修互注礼部韵略·元韵》："⿰木臬，居言切。⿰木臬卢，摴蒱采名。本作臬，俗又加木。又萧韵。"宋·程大昌《演繁露》卷六："自镂骨为骰以后，不惟五木旧制堙没不传，而字直为骰，不复为投矣。若其体制，又全与用木时殊异矣。方其用木也，五子之形两头尖锐，中间平广，状似今之杏仁。惟其尖锐，故可转跃；惟其平广，故可以镂采也。凡一子悉为两面，其一面涂黑，黑之上画牛犊以为之章，犊者牛子也；一面涂白，白之上即画雉，雉者野鸡也。凡投子者五皆现黑则其名卢，卢者黑也，言五子皆黑也，五黑皆现，则五犊随现，从可知矣。此在摴蒱为最高之采，挼木而掷，往往叱喝，使致其极，故亦名呼卢也。其次五子四黑而一白，则是四犊一雉，

---

1 《大字典·木部》收"⿰木臬"字，引《玉篇》"⿰木臬"字训樗蒲彩，"樗蒲彩"三字连读，是也。

则其采名雉，用以比卢降一等矣。自此而降，白黑相杂，每每不同，故或名为梟，即邓艾言云六搏得梟者胜也；或名为犍，谓五木十掷辄犍[1]，非其人不能是也。凡此采名，《摴蒱经》虽皆枚载，然反复推较，率多驳而不通也。"《汉语大词典》"博梟"注云："古代一种角胜负的游戏。以五木为子（即今之骰子），分别刻梟、卢、雉、犊、塞为胜负之采，梟为胜采。后亦泛指赌博。"又"梟色"注云："旧时博戏的胜彩名。梟为么，得么者胜。色，赌具。亦称骰子。"又"梟卢"注云："古代博戏樗蒲的两种胜彩名。么为梟，最胜；六为卢，次之。""梟"本木制，故或加旁作"橾"；以手投掷，故或加旁作"撡"。"梟"本古尧切，"撡""橾"居言切者，以"梟"或名为犍，"犍"字居言切，故"撡""橾"亦读居言切，所谓"训读"也。

161. 犞，sè《龙龛手鉴·牛部》："犞，音色。墙。"（2134B）

按：高丽本《龙龛》卷一《牛部》："犞，俗。色、墙二音。"（117）续古逸丛书本、文渊阁本、文津阁本同，朝鲜本"墙"误作"穑"（"穑""色"音同），馀同。《新修玉篇》卷二十三《牛部》引《龙龛》作"犞，色、墙二音"（191上），《篇海》卷三《牛部》引《龙龛》作"犞，色、穑二音"（304上）。《大字典》引《龙龛》作"犞，音色。墙"，所据

1 犍，《南齐书·卞彬传》作"鞬"。

不知何本。即令《大字典》所据《龙龛》"犞"字注文确为"音色墙","音色墙"亦当从原版标点作"音色、墙"(即色、墙二音),不可标作"音色。墙"(读音同色,字义为墙)。《字海》谓"犞"为"牆"的讹字(856A),所言是也。俗书从爿之字多变从牛,故"牆"字俗作"犞"。《可洪音义》卷十五:"犞(牆)栅,上自羊反,下楚责反。土木垣也。"(59册1135中)又卷十七:"犞栅,上自羊反,下楚责反。"(60册61下)又卷二十三:"阋犞(牆),下自羊反。障也,隔也。"(60册301上)可资比勘。《新撰字镜·牛部》:"犞,所力(与"音色"同音)、疾良(与"音墙"同音)二反。障也。"(258)"牆"字自羊(疾良)反,《新撰字镜》"犞"字又读所力反、《龙龛》"犞"字又音色者,此当是出于俗读。《大字典》原版"色"下标顿号(1320B),不误。

162. 毹,(二)qú《一切经音义》引《通俗文》音瞿。一种用毛织的毯。唐玄应《一切经音义》卷十四"毛氀"下引《通俗文》:"毹,氀也。"(1996A/2140A)

按:玄应《一切经音义》卷十四《四分律》音义:"毛氀[1],《字林》:力于反,麁罽(粗罽)也。《通俗文》:毛布曰氀。又所俱反,毹氀也。〔毹〕[2]音瞿。"此《大字典》"毹"字第二音义之所本。玄应《一切经音义》引《通俗文》当止于"毛

1 大正藏《四分律》卷十五同。

2 永乐南藏本有此字,是也。

布曰氀”，“又所俱反，毺氀也”乃玄应为“氀”字所作说解，“音瞿”乃玄应为“毺”字注音。“毺”音瞿，即“氍”字异构；“氀”音所俱反，即“毹”字之变。大正藏《增一阿含经》卷四十八：“氍毹毾㲪，文绣綩綖。”宋、元、明本“毹”作“氀”。《可洪音义》卷十二：“氍氀，上其俱反。下生蒭反，正作毹；又力朱反，非。”（59册993下）“毺氀”乃单纯复音词，与“氍毹”为一词之异写，毛毯之属也。《龙龛》卷一《毛部》：“[illegible]、[illegible]、[illegible]、[illegible]、毱、毭、氍，七俗；毾、㲣，二古；氍，正。其俱反（即“音瞿”）。~毹，毛席毯褥之属也。毯，他敢反。”接云：“氇、毓、毬、毦、氀、毹，六俗；毹，正。霜俱反。氍毹也。”“毺”音瞿，与“[illegible]”字为异写。《大字典》第二音义说解多误：“毺”单字不成词，《大字典》释为一种用毛织的毯，其误一；“毺氀”乃玄应以双音词释单字“氀”[1]，《大字典》以为玄应引《通俗文》语，其误二；“音瞿”乃玄应为“毺”字所作注音，《大字典》以为玄应引《通俗文》之音，其误三；“毺氀”二字当连读，乃“氀”字训释语，《大字典》标点作“毺，氀也”，乃以连绵词首字“毺”为被释字，以连绵词第二字“氀”为训释字，致使连绵词二字变为同义词，其误四。又“毺”乃“氍”之声旁变易字，《大字典》不沟通二字异体关系，亦欠妥当。

163. 犌，jiā《集韵》居牙切，平麻见。〔犌㹊〕也作“袈

1 自《说文》以下，历代字书连绵词用字训释多此例。

裟”。僧衣……明陈士元《象教皮编・梵译》:“迦罗沙曳,僧衣也,省‘罗’、‘曳’字,止称‘迦沙’。葛洪撰《字苑》,添衣作‘袈裟’、或从毛,作‘毠毟’。”(1996B/2140B)

按:“或从毛,作‘毠毟’”标点当作“或从毛作‘毠毟’”,“毛”下逗号当删。

又:“葛洪撰《字苑》,添衣作‘袈裟’、”标点当作“葛洪撰《字苑》添衣作‘袈裟’,”。

164. 毨,xiǎn《广韵》苏典切,上铣心。谆部。①选取、选择(鸟兽毛)。《说文・毛部》:“毨,仲秋鸟兽毛盛,可选取以为器用。”徐锴系传:“……孔安国云:‘毨,少也,毛至秋皆成而少也,则可选。’……”(1997A/2141A—B)

按:“毨,少也”为孔安国注[1],“也”下逗号当改为句号,后单引号当前移至“少也”后。“毛至秋”以下为徐锴语。

165. 毠,rú《广韵》女余切,平鱼娘。多毛犬。《广韵・鱼韵》:“毠,犬多毛也。”《太平御览》卷九百零四引何承天《纂文》:“陇西以犬为猶、獶、毠、毴,皆多毛犬也。”(1997B/2141B)

按:《太平御览》引《纂文》“猶”下顿号当改为句号。唐・徐坚《初学记》卷二十九引何承天《纂文》曰:“守犬为獖(扶本反)。陇西以犬为猶(〔音〕酉)。獶(乃容反)、毴(乃庚反),皆多毛犬也。獟(乃校反)、猘(居例反)、

1 今本《尚书・尧典》“鸟兽毛毨”孔传:“毨,理也。”与徐锴所引不同。

玿（〔音〕彫），屈尾犬也。"《颜氏家训·书证篇》："《尸子》曰：五尺犬为猶。《说文》云：陇西谓犬子为猶。"陇西名犬为猶，不名獶、毟、毴；獏、毟、毴为多毛犬，猶非多毛犬也。

166. 牘，lìn《篇海类编》音吝。觚牘，棱角。……一说同"棱"。《正字通·片部》："牘，本作棱。旧注义同。《木部》：'柧，棱。'棱读冷，平声。"（2020B/2165B）

按："棱读冷，平声"标点当作"棱读冷平声"（即音léng），"冷"下逗号当删。

167. 肚，（三）ròu《集韵》如又切，去宥日。同"腬"。质量好的肉。《集韵·宥韵》："腬，肉善者。腬，或从丑。"（2053B/2202A）

168. 腬，róu ㊀《广韵》耳由切，平尤日。又女救切。幽部。①好肉；肥美的肉。《集韵·宥韵二》："腬，肉善者。"（2100A/2252A）

按："肚"字引《集韵》当标点作："腬，肉善者腬。或从丑。""肉善者腬"即肉善者曰腬。"肉善者"，主语；"腬"，谓语。《集韵》或体随正字大字出之，注文径言"或从某""或作某"等，"或从""或作"前不出正字。"腬"字引《集韵》作"腬，肉善者。"从"者"字句断，亦误。又第二版引《集韵·宥韵二》，"二"字衍，原版不误。

169. 肥，（一）féi《广韵》符非切，平微奉。微部。⑪水同源异流。《尔雅·释水》："归异出同流（曰）肥。"《诗·邶风·泉水》："我思肥泉，思之永叹。"毛传："所出同，

所归异为肥泉。”（2056A/2202B）

按：“所出同所归异为肥泉”标点当作“所出同、所归异为肥泉”。又：《诗·邶风·泉水》：“我思肥泉，兹之永叹。”释文：“肥，字或作淝，音同。”《释名·释水》：“所出同、所归异曰淝泉。”“兹”字《大字典》引作“思”，误。宋·王应麟《诗地理考》卷一：“《水经注》：马沟水出朝歌城北，又东流与美沟合，又东南注淇水为肥泉。《诗》：我思肥泉。毛云：同出异归为肥泉。《尔雅》：归异出同曰肥。今是水异出同归。”

170. 朏，pò 同“霸（魄）”。月魄；月始生。……按：《正字通·月部》：“朏，魄本字。《说文》：霸，月始生。霸，肰也，匹陌切。《六书故》：月之明也，省作魄。”（2088A/2239A）

按：《正字通》引《说文》“霸，月始生。霸，肰也，”当标点作：“霸，月始生霸[1]肰[2]也。”“月始生霸肰也”为“霸”字声训，“生”下句号、后“霸”下逗号皆当删。《大字典》“霸”字下引《说文》“月始生霸肰也”连读，是也。

又：《正字通》引《说文》语至“肰也”而止，“也”下逗号当改用句号。

又：《正字通》引《六书故》语为“月之明也”，“也”下逗号当改为句号；“省作魄”乃《正字通》语。

1 小徐本作“魄”，义长。

2 《说文》作“然”，“肰”“然”古今字。

171. 䏰，同“能”。《集韵·登韵》：“能，《说文》：‘熊属，足似鹿，能兽坚中故称贤能而强壮称贤〔能〕杰也。’或作䏰。”（2093A/2244A）

按：“能兽坚中”为原因分句，“故称贤能”为结果分句，“能兽坚中”下当用逗号，“贤能”下当用分号；“而彊壮”承“能兽”而言，为原因分句，“称贤〔能〕杰也”（承上省“故”字）为结果分句，“强壮”下当用逗号。《大字典》“能兽坚中故称贤能而强壮称贤〔能〕杰也”作一句读，欠妥。

172. 臙，（一）yān（又读 yàn）同“咽”。吞食；咽喉。《释名·释形体》：“咽，咽物也。或谓之臙。在颐（下）缨理之中也。青徐谓之脰，物投其中，受而下之也。又谓嗌气所流通。阨要之处也。”（2126B/2281A）

按：“咽，咽物也。或谓之臙。在颐（下）缨理之中也。青徐谓之脰，物投其中，受而下之也。又谓嗌气所流通。阨要之处也”标点当作“咽，咽物也。或谓之臙，在颐（下）缨理之中也。青徐谓之脰，物投其中受而下之也。又谓嗌，气所流通，阨要之处也”。“咽”或谓之“臙”，或谓之“脰”，或谓之“嗌”。谓之“咽”者，咽物之处也；谓之“臙”者，在颐（下）缨理之中也；谓之“脰”者，物投其中而下之也；谓之“嗌”者，气所流通阨要之处也。“或谓之臙”语意未完，其下句号当改为逗号；“嗌”为被释词，其下当用逗号；“气所流通”语意未完，其下句号当删（或改用逗号）。

173. 臞，qú《字汇补》其居切。人名。《字汇补·肉部》：

"臞,《史记王子侯表》'五据侯臒'。索隐曰:'旧作臞'。"(2128B/2283A)

按:"王子侯表"为"建元以来王子侯者年表"之省称,为《史记》十表之一。《史记王子侯表》标点当作《史记·王子侯表》,间隔号漏标。

174. 炃,同"焚"。《龙龛手鉴·火部》:"炃,俗;燌正。烧也。与焚同。"《佛说犯戒罪报轻重轻》:"变诤小致大,积恶,入火炃。"按:宋、元、明、宫本作"焚"。胡景贤《中国歌谣资料》第一集《农民十二月》:"还有腊猪肉,乌钉火炃藏。"(2349A)

按:此字原版收在《补遗》,注云"音义未详",所举例证为胡景贤《中国歌谣资料》第一集《农民十二月》"还有腊猪肉,乌钉火炃藏"(28B);第二版说解改为"同'焚'",并增加了书证与例证。第二版的增改当是参考了邓福禄、韩小荆《字典考正》的研究成果。《字典考正》"炃"字条云:"《字海》云'炃'同'焚',是也。《龙龛·火部》:'炃炃,二俗;燌,正:符文反。烧也。与焚同。'(238)佛经有'炃'字用例。后汉安世高译《佛说犯戒罪报轻重经》:'比丘谨慎乐,放逸多忧谴,变诤小致大,积恶入火炃(宋、元、明、宫本作'焚'),持戒福致喜,破戒有惧心。'(T24,p0910c)此与《龙龛》所说正合。"(239—240)《大字典》暗引多误:1.《龙龛》"燌"为字头,"正"为注文,说明字际关系。《字典考正》引《龙龛》"燌"下标逗号,是也;《大字典》第二版逗号漏标。2.《字典考正》所引《佛说犯戒罪报轻重经》，《大字典》第二版“经”误作“轻”。3.《字典考正》所引《佛说犯戒罪报轻重经》文字为尊者目连所说偈言，偈言全为五字句。《字典考正》“积恶入火炃”五字连读，是也;《大字典》第二版“积恶”下标逗号，非是。又:“乌钉火炃藏”之“炃”释同“焚”语意欠通，恐另有来源。

175. 炊，〔炊累〕尘埃飘动。《集韵·寘韵》:“炊，炊累，动升也。”《庄子·在宥》:“从容无为而万物炊累焉。”陆德明释文:“炊，本或作吹，同。司马(彪)云:炊累，犹动升也。(向秀)、郭(象)云:如尘埃之自动也。”(2192B/2349B)

按:《大字典》所引陆德明《释文》原作“炊，本或作吹，同。司马云:炊累，犹动升也。向、郭云:如尘埃之自动也”。陆德明《经典释文》引用司马彪、向秀、郭象等人《庄子》注，多简称姓，它书释文同;《大字典》引用《经典释文》，于释文简称或补出名，所补之名外加圆括号。如“司马”补作“司马(彪)”、“郭”补作“郭(象)”是也。释文“向”为向秀省称，当补作“向(秀)”,《大字典》第二版补作“(向秀)”，会让读者误会《经典释文》没有引用到向秀注，“向秀”二字是《大字典》编者见到向秀注与郭象注相同而补于“郭(象)”之前的。《尔雅·释水》:“庶人乘泭。”邢昺疏:“《论语》曰:乘桴浮于海。注云:桴，编竹木，大曰栰，小曰桴。是也。桴、泭音义同。”《大字典》“泭”字下引邢疏“《论语(公冶长)》曰:‘乘桴浮于海。’(马融)注云:‘桴，编竹木，大曰桄，小曰桴。’是也。桴、泭音义同。”（1588A/1701B）此邢昺疏引《论语》注，注者姓名全省，《大字典》编者据《论语注疏》补出注者姓名（马融）之例。《大字典》原版补作“向（秀）”（2192B），不误。

176. 炅，同“因”。《集韵·谆韵》：“因，《说文》：‘就也。’一曰仍也。又姓。古作炅。”《篇海类编·天文类·火部》：“炅，说也；缘也；就也。亦姓。《左传》燧人四族有因氏。古作炅，俗作回（因）。”按：清俞正燮《癸巳存稿》卷三：“《路史》以炅为燧人四姓之一。曰误作回。《奇姓通》遂收一㶲字，云音因，是俗煙字矣。”（2195B—2196A/2353A）

按：“《路史》以炅为燧人四姓之一。曰误作回。《奇姓通》遂收一㶲字，云音因，是俗煙字矣”标点当作“《路史》以炅为燧人四姓之一，曰误作回，《奇姓通》遂收一㶲字，云音因，是俗煙字矣”，意谓《路史》以“炅”为燧人四姓之一，“炅”上所从之“曰”误作“回”，“炅”讹变作“㶲”，《奇姓通》遂收入㶲姓，读作因。“㶲”是“煙（烟）”的俗字。又：《篇海类编》谓“《左传》燧人四族有因氏”者，宋·邵思《姓解》卷三：“因，《左传》燧人四姓，一曰因氏。”此盖《篇海类编》所本。检《左传》无“燧人四姓”，“燧”当是“遂”字之误。《左传·昭公十七年》：“夏，遂因氏、颌氏、工娄氏、须遂氏飨齐戍，醉而杀之，齐人歼焉。”杜注：“四族，遂之强宗。”“遂”即遂国，因氏、颌氏、工娄氏、须遂氏即遂之四姓。宋·邓名世《古今姓氏书辩证》卷六：“因，

《左传》遂人四族杀齐戍者，一曰因氏。”“遂”字不误。

177. 炤，（二）zhāo《集韵》之遥切，平宵章。宵部。同“昭”。《集韵·宵韵》：“昭，《说文》：‘日明也。’董仲舒曰：‘食祝。’（或）从火。亦姓。”（2197B/2355A）

按：《集韵》平声《宵韵》：“昭、炤，之遥切。《说文》：日明也。董仲舒《日食祝》从火。亦姓。”此《大字典》所本而点断多误。《周礼·大祝》“六曰说”郑玄注：“董仲舒救日食，祝曰：‘炤炤大明，瀸灭无光，奈何以阴侵阳，以卑侵尊？’是之谓说也。”此《集韵》“炤”字所从出。宋·贾昌朝《群经音辨》卷四：“炤炤，明也。音昭。郑氏说《礼》引董仲舒《日食祝》曰：炤炤大明。”“董仲舒《日食祝》从火”谓董仲舒《日食祝》中的“昭”字从火作“炤”。“或”为不定代词，不确定或体所从出，《集韵》言“或从某”；“炤”字来源确定，故《集韵》不用“或”字。《大字典》于“从火”前补“或”字，非是。刻本文献“日”“曰”二字形近相乱，“董仲舒曰食祝”当读作“董仲舒《日食祝》”，《大字典》读“日”为“曰”，下加冒号，“食祝”下加句号，二字加单引号，是以“食祝”为董仲舒对“昭”字所作训释，“食祝”二字不辞。

178. 烜，（一）xuǎn（又读 xuān）《广韵》况晚切，上阮晓。元部。④姓。《万姓统谱·阮韵》：“烜，见《姓苑》。烜冲，霄沔县人……”（2199A/2356B）

按：“烜冲霄沔县人”当标作“烜冲霄，沔县人”。其人姓烜，名冲霄；沔县，即今陕西汉中市勉县。《大字典》标作“烜冲，霄沔县人”，人名与地名标乱。史无“霄沔县”。

179. 烊，（一）yáng《广韵》与章切，平阳以。②同“炀”。熔化（金属）。《广韵·阳韵》：“烊，焇烊，出陆善经、《字林》。”（2200B/2358B）

按：陆善经乃唐人姓名，曾注《文选》[1]，亦编有《字林》一书。《广韵》援引此书，或称《新字林》[2]，或称陆氏《字林》[3]，此处则称陆善经《字林》，皆为与吕忱《字林》相区分也。“出陆善经字林”当标作“出陆善经《字林》”。如《大字典》标点，则是“烊”字既见陆善经，又见《字林》，非是。《大字典·頁部》“顅”下引《广韵·麻韵》：“顅，顅颞，难语。出陆善经《字林》。”（4390A/4679B）标点不误。

180. 熂，同“烼”。《广雅·释诂四》：“熂，煴也。”王念孙疏证：“熂者，《玉篇》：‘烼，炢火煨也。’烼，与熂同。”（2220B/2380A）

按：《玉篇·火部》：“烼，许勿切。煴也。烼炢，火煨。”此王念孙所本。“烼炢”为连绵词，二字连读，训火煨；《大字典》标点作“烼，炢火煨也”，则“烼”为被释词，训炢火煨，“炢火煨”语义不通。

181. 熋，nái《集韵》囊来切，平咍泥。热。……一说

---

1 见周勋初辑《唐钞文选集注汇存》，上海：上海古籍出版社 2000 年。

2 见“紕”“輪”等字注。

3 见“揪”字注。

同“熊”。《正字通·火部》:“熋，同熊。俗书分两音两义，误。旧注囊来切，(音)乃，平声，热也。尤误。”(2226A/2385B)

按:《字汇·火部》:“熋，囊来切，乃平声。热也。”(73上)此《正字通》所本。《正字通》所引“旧注”(即《字汇》)属于直接引用，“旧注”下当标冒号。又“乃平声”属于“纽四声”注音方法，三字当连读。“纽四声”是直音法的改进和补充。直音法要求被注音字与直音用字声母、韵母、声调完全相同，“纽四声”法则是被注音字与纽四声字声母、韵母相同(声调不同)而另加声调。对于没有同音字或同音字少的被释字，《字汇》注音多采用纽四声法注音。如:《火部》:“煼，楚绞切，钞上声。干熬也。”“燗，舒瞻切，闪去声。火行貌。”(并73上)《字汇》采用直音法注音，用“音”字;采用纽四声法注音，多不用“音”字。《大字典》于“乃”前补“音”字，亦属蛇足。

182.燓，同“焚”。《说文·火部》:“燓，烧田也。从火棥，棥亦声。”段玉裁改“燓”为“焚”，并注云:“份，古文作彬，解云‘焚省声’。是许书当有焚字。况经传焚字不可枚举，而未见有燓，知《火部》燓即焚之讹。元应书引《说文》:‘焚，烧田也。’字从火，烧林意也。……然则唐初本有焚无燓。”(2232B/2393A)

按:清人避讳“玄”字，或缺末笔，或改为“元”字。段玉裁所引“元应书”，即玄应《一切经音义》(或称《众经音义》)。玄应《一切经音义》卷六:“焚烧，古文炃、燌二形，同，扶云反。《广雅》：焚，烧也。《说文》：焚，烧田也。字从火，烧林意也。”（56 册 908 上—中）又卷二十二：“焚燎，古文𤆎、熕二形，同，扶云反。下又作橑，同，力照反。《说文》：焚，烧田也。字从火，烧林意也。燎，放火也。火田为燎。”（57 册 88 上—中）又卷二十四：“焚烧，古文炎（𤆎）、熕二形，同，扶云反。《说文》云：焚，烧田也。字从火，烧林字意也。”（57 册 112 中）以上“焚”字说解明确标明引《说文》。又卷二：“焚身，古文𤆎、熕二形，同，扶云反。焚亦烧，字从火，烧林意也。”（56 册 832 上）又卷二十三：“焚烧，扶云反。焚亦烧也。字从火，烧林意也。”（57 册 102 下）此两条解释虽未标明引书，当亦参考了《说文》[1]。“字从火，烧林意也”亦是玄应书引《说文》“焚”字注语，《大字典》将其标注在引《说文》之后，未妥。

183. 焚，（一）fén《广韵》符分切，平文奉。谆部。② 古刑名。……《左传·僖公二十一年》：“夏大旱，公欲焚巫尪。”（2208B/2367A）

按：“尪”非专有名词，其下不当标注专名号。《左传·僖公二十一年》：“夏，大旱，公欲焚巫尪。”杜注：“巫尫，女巫也，主祈祷请雨者。或以为尫非巫也，瘠病之人，其面上向，俗谓天哀其病，恐雨入其鼻，故为之旱。是以公欲焚之。”

---

1 《说文》“焚”字段注谓“玄应书引《说文》‘焚，烧田也。字从火，烧林意也’”凡四见。

孔颖达正义：“《周礼》女巫职云：旱暵则舞雩。此以为旱，欲焚之，故知‘巫尪，女巫也’。并以巫尪为女巫，则尪是劣弱之称，当以女巫尪弱，故称尪也。或以为尪非巫也，巫是祷神之人，尪是瘠病之人，二者非一物也。尪是病人，天恐雨入其鼻，俗有此说，不出传记，义或当然，故两解之也。”《大字典》“巫尪”标点作“巫尪”，意思变成名字叫尪的女巫，非是。

184. 營，人名用字。《字汇补·口部》：“營，音未详。明铅山王缙營。见《谥法纂》。”（2237A/2398A）

按：《字汇补》“铅山王缙營”当标作“铅山王缙營”，缙營为朱弼榦之子，万历十一年袭封铅山王，《大字典》“铅山”下标专名号，“王缙營”下标专名号，是以“铅山”为地名，“王缙營”为人姓名，大误。“營”字《大字典》缺音，盖不识。《续文献通考·封建考·肃国传授世次》：“铅山王真瀞，贡錝庶三子，正德十三年封。”真瀞嘉靖三十四年薨；子弼榦嘉靖四十年袭封，万历六年薨；弼榦子缙營万历十一年袭封，二十六年薨。《明史·诸王世表二》亦作“缙營”（0293—469）。《字汇补》所引《谥法纂》“營”字，即“營”字传写之异者。“營”字字书未见，以形求之，殆即“營”字之变。《篇海》卷十三《火部》引《搜真玉镜》：“營，音檾。”（476下）《字汇·火部》：“營，同檾。”（233册73下）《说文》七篇下《林部》：“檾，枲属。从林，熒省声。《诗》曰：衣锦檾衣。”笺注本《切韵》（伯3693背面）上声《迥韵》口迥反：

“檾，草名，枲属。”（197）故宫本《王韵》上声《静韵》去颍反：“檾，枲草。亦作苘、蒷。”（485）“⿱艹⿵冂可”当是“檾”“苘”二字交互影响产生的俗字。“⿱艹⿵冂可”从冋声，“冋”字及冋旁俗书作“冏”，故“⿱艹⿵冂可”变作“⿱艹⿵冏可”；俗书两点多连作一横，故“⿱艹⿵冏可”又变作“⿱艹⿵冂可”。参看杨宝忠《疑难字三考》“⿱艹⿵冂可”字条（275—276）。

185. 爊，“焰”的讹字。《新书·审微》：“语曰：‘焰焰弗灭，炎炎奈何’”清卢文弨校：“焰焰，旧本皆讹作爊。爊，字书未有所考。今从金人铭作焰焰。”（补遗30A/2411A）

按:《大字典》所引卢文弨校语“金人铭”即《周太庙金人铭》，当标书名号。《孔子家语·观周》:“孔子观周，遂入太祖后稷之庙，庙堂右阶之前有金人焉，三缄其口，而铭其背曰:古之慎言人也，戒之哉！无多言，多言多败；无多事，多事多患。安乐必戒，无所行悔。勿谓何伤，其祸将长；勿谓何害，其祸将大；勿谓不闻，神将伺人。焰焰[1]不灭，炎炎若何；涓涓不壅，终为江河；绵绵不绝，或成网罗；毫末不札，将寻斧柯。诚能慎之，福之根也……”此卢文弨校语所本。《大字典》“金”字下标注专名号，“金人铭”不标书名号，是以“金人铭”为金朝某人所作铭文，非是。又:“焰

1 《说苑·敬慎》作“荧荧”,《艺文类聚》卷十九引《周太廟金人铭》作“燄燄”。

焰，旧本皆讹作爊。爊，字书未有所考"，上"爊"下句号当删，谓"焰焰"二字旧本误作"爊爊"二字也。

186. 爨，《说文》:"爨，齐谓之炊爨。臼，象持甑；冂，为灶口；廾，推林内火。㸑，籀文，爨省。"(2413A)

按:"廾推林内火"五字连读，说"爨"字从廾从林从火之意，"廾"象双手之形，其下逗号当删。

又:"籀文爨省"四字连读，说"㸑"字构形，"文"下逗号当删。《大字典》"薇"字下引《说文》"䕗，籀文薇省"(3303B/3522A)，标点是也。

187. 悬，(一) dá 同"怛"。《说文·心部》:"怛，憯也。悬，怛，或从心在旦下。《诗》曰:'信誓悬悬。'"《正字通·心部》:"悬，同怛。《说文》:'怛，或从心在旦下。'作悬。"(2280A/2440B)

按:《大字典》引《说文》"悬，怛，或从心在旦下"当标点为"悬，怛或从心在旦下"。

又:引《正字通》"《说文》:'怛，或从心在旦下。'作悬"当标点为"《说文》怛或从心在旦下作悬"。

188. 恔，(二) jiào《集韵》居效切，去效见。②同"觉"。唐慧琳《一切经音义》卷四十五:"觉悟，《说文》:'觉，悟也。从见，从学省声。'经文从心作恔。"唐玄奘译《瑜伽师地论》:"于食知量，初夜后夜，常修觉悟。"按:宋、元、明圣本"覺"作"恔"。(2468A)

按:日本大正一切经刊行会出版的《大正新修大藏经》

附有校勘记，为节省篇幅，校勘记所参考《大藏经》诸本使用简称：南宋思溪藏简称“宋”、元大普宁寺藏简称“元”、明嘉兴藏简称“明”、正仓院圣语藏本简称“圣”，等等。郑贤章《龙龛手镜研究》上篇指出《龙龛》收录的“悎”字正体为“觉”，列举多条《大正藏》文献异文以为例证，其中有唐·玄奘译《瑜伽师地论》：“于食知量，初夜后夜，常修覺悟。亲近善士，依止善友，于自愆犯，审谛了知，深见过失。”并参考《大正藏》校勘记指出：“觉”，宋、元、明、圣本作“悎”（42—43）。《大字典》原版“悎”字第二音项没有同“觉”一义，第二版增设这个义项，当是参考了郑贤章的考释成果。郑贤章指出《瑜伽师地论》“觉”字异文时，“宋”“元”“明”“圣”四字平列，“名”“圣”之间亦加顿号，是也；《大字典》第二版“明圣”二字连读，下标一个专名号，殊误。

189. 憢，（一）xiāo《广韵》许幺切，平萧晓。宵部。①同“嘵”。恐惧。《尔雅·释训》：“惴惴憢憢，惧也。”（2352B/2518B）

按：《尔雅·释训》：“惴惴、憢憢，惧也。”郭璞注：“皆危惧。”邢昺疏：“《秦風·黄鸟》云：‘惴惴其栗。’《豳风·鸱鸮》云：‘予维音嘵嘵。’此皆危恐战惧也。”“惴惴”“憢憢”是平列的两个叠音词，其间当标顿号。

190. 懖，kuò《广韵》古活切，入末见。月部。拒绝善言，自以为是。清段玉裁《说文解字注·心部》：“……‘《商书》曰：今女懖懖。’《盘庚·上篇》文。”（2530B）

按："盘庚"为《尚书》篇名，文繁，分《盘庚上》《盘庚中》《盘庚下》三篇。《大字典》第二版"《盘庚·上篇》文"间隔号当删。原版标作"《盘庚》上篇文"（2363B），近是。

191. 寱，wèi《广韵》于岁切，去祭云。又鱼祭切，子例切。月部。梦呓。……《广雅·释言》："寱，寐也。"王念孙疏证："……瞑、眠、寐、囈并同。"（2368B/2535B）

按："眠"下顿号当改为逗号，"瞑、眠，寐、囈并同"意谓"瞑"与"眠"同，"寐"与"囈"同。如《大字典》标点，则是四字相同，甚乖王念孙本意。

192. 䄂，yòu《龙龛手鉴·礻部》："䄂，相承。音诱。"按："秀"字《广韵·有韵》有"与久切"一音，疑"䄂"即"秀"的俗字。（2568B）

按：此字原版作"**䄂**"，注云："yòu《龙龛手鉴》音诱。相承。《龙龛手鉴·示部》：'**䄂**，相承。'"（2399A）《汉语俗字丛考》云："'䄂''**䄂**'为新旧字形之别。查《龙龛》卷一礻部：'䄂，相承，音诱。'《汉》把'䄂'改用旧字形作'**䄂**'是不妥当的……又《龙龛》'礻''示'不同部，《汉》把见于《龙龛·礻部》的字多引作'示'部，不妥。又'相承'系指原字为相传承用的俗字，《汉》《字海》以'相承'为'䄂'的训解，大谬。考《龙龛》卷一禾部：'秀，音酉。'俗书禾旁礻旁相乱，故'䄂'疑为'秀'字俗书。'诱''酉'《广韵》上声有韵皆有与久切一读，读音相同。'秀'盖又为'莠'的换旁俗字。'莠'为禾间杂草，与禾相类，古每与‘秾’字连用，故俗或易其旁作‘秀’。《字汇·禾部》释‘秀’为‘分别也，各异也’，未知所本，疑未确。”（701—702）《大字典》第二版字形改从新字形作“袗”、出处由《龙龛·示部》改为《龙龛·衤部》、删释义“相承”、引《龙龛》“袗，相承”改为“袗，相承。音诱”，又疑“袗”即“秀”的俗字，皆本张说。张氏谓《大字典》原版把见于《龙龛·衤部》的字多引作示部不妥、谓《大字典》《字海》以“相承”为“袗”的训解大谬、又谓“袗”疑为“秀”的换旁俗字，并是也。《可洪音义研究·疑难字考释》云：“《丛考》疑‘袗’为‘秀’字俗书，‘秀’盖又为‘莠’的换旁俗字，甚是。《可洪音义》卷十八《阿毗昙毗婆沙》第九卷音义：‘裨袗，上蒲拜反，下余柳反。’今《大正藏》对应经文正作‘稗秀’可证。”（175）“相承”在《龙龛》注文中出现 24 例，《大字典》《字海》以为释义固属谬误，张氏以为“相承”系指原字为相传承用的俗字，若如张说，则“相承”为说字（说解字际关系）术语，与《龙龛》字下标注“俗”“正”“或作”等相类，恐亦有未当。《龙龛》于“相传承用的俗字”下标注“俗通”，如卷一《心部》：“怜，俗通；憐，正。音莲。哀矜爱念也。”（53）如“相承”为说字术语，则与“俗通”犯复，此其一；《龙龛》注文说字，字下只能标注一个术语，而“相承”之上或出现说字术语，如卷二《口部》：“哏、哈，俗。相承亡版反。”（272）又如卷四《黑部》：“黖，俗；黟，正。相承音乌奚反。”（531）此其二；《龙龛》24例标注“相承”之字，均未出现正字，如“相承”为说字术语，指相传承用的俗字，则无1例相对应的正字出现值得怀疑，此其三。《龙龛》注释体例，先说字，后注音，而卷一《亠部》云：“蓏，郎果反。相承同蓏，果蓏也。”此先注音，后出“相承”，若“相承”为说字术语，则与《龙龛》体例不合，此其四。今谓《龙龛》注文“相承”即相传之义，当与下连读。《龙龛》“禉”下说解当读为“相承音诱”，谓“禉”字相传音诱也。卷四《疒部》：“瘵、瘵，相承所迢反。病也。此二字切不和。”（472）正因“相承音某”或“相承某某反”为相传之音（非行均自注音），故行均可批评其音存在问题。《大字典》第二版引《龙龛》“禉”下注解标点作“相承。音诱”，袭用张氏误说。《字汇·禾部》：“禉，云九切，音酉。分别也，各异也。见释藏。”（233册136下）梅膺祚谓“禉”字见释藏，检索大正藏电子版，可查到14个用例，皆为“稂莠”之“莠”易旁字（他本或作“莠”字）。《大般涅槃经》卷六：“如彼稗禉，易可分别。”《佛说大般泥洹经》卷四：“譬如田夫种植五谷，除扈草秽，名为净田。故有禉稗，似善谷苗，至其成实，草谷各异。”“莠”为狗尾草，而《字汇》“禉”训分别、训各异者，盖误截经文所致。《大字典》“皐”“皋”下引《龙龛》“相承殂外反”（3250B），“相承”与反切连读，是也。参看杨宝忠《〈龙龛手镜〉“相承”补说》，文载《民俗典籍文字研究》第二十辑，商务印书馆2017年。

193. 禈，同“谆”。《可洪音义》卷十四《分别善恶所起经》音义：“世禈，之顺反。告之，丁宁也。正作谆。”（2571B）

按：《史记·司马相如列传》：“厥之有章，不必谆谆。”裴骃集解引徐广曰：“谆，止纯反。告之丁宁。”慧琳《一切经音义》卷五十四：“评谆，下准纯反。《考声》：告之丁宁。”又卷九十六：“谆谆，准纯反。郑注《礼记》云：诚恳皃。谓告之丁宁也。《说文》：告晓之熟也。”“告之丁宁”四字连读，即《说文》“告晓之熟”。《大字典》原版“禈”字从《海篇》训祭祀，第二版参考邓福禄、韩小荆《字典考正》之说（252—253）以为“禈”同“谆”。《可洪音义》卷十四《分别善恶所起经》音义：“世禈，之顺反。告之丁宁也。正作谆。”（35 册 80 中）其中“告之丁宁”《字典考正》误标作“告之，丁宁”，《大字典》第二版承其误。

194. 砍，kān 方言。岩洞。徐珂《清稗类钞·经术类·俗字之训诂》：“各地通行之俗字颇多，今略举之……广东人所用者如下：‘砍，音勘。[1]岩洞也。’”（2425B/2595B）

按：“砍，音勘。岩洞也”并非直接引语，“砍”为广东人所用俗字，“音勘。岩洞也”乃作者对“砍”字所作说解，单引号当删。“砍”音勘、训岩洞，俗又作“岊”，宋·范成大《桂海虞衡志》：“岊，音磡。石之岩窟也。”“砍”“岊”音义相同，皆俗体会意字也。以音义求之，其正字当作“龕”。

1 《大字典》原版句号作逗号。

或讹作“龕”，《大字典·龍部》：“龕，音义未详。明归有光《太行石铭》：‘闻昔大士，坐此岩龕。’”（4806B/5123B）“岩龕”即“巖龕”，亦即“岩窟”。“砍”“砊”为“龕”之俗字，俗字记录的词未必即方言。《大字典》以“砍”为方言，亦不确。

195. 硍，（三）gǔn《集韵》丘耕切，平耕溪。同“硍”。指钟声不响亮。《周礼·春官·典同》“凡声，高声硍”汉郑玄注：“故书硍或作硍。杜子春读硍为铿。鎗之铿。高谓钟形容高也。”（2431A/2602A）

按：“杜子春读硍为铿鎗之铿”十字当连读，意为杜子春以为“硍”为铿锵之“铿”的假借字。《大字典》标点作“杜子春读硍为铿。鎗之铿”，致使“鎗之铿”三字无属。《大字典》“篴”字下引《周礼》郑玄注“杜子春读篴为荡涤之涤”（3000A/3200A），标点不误。

196. 硟，“碾”的讹字。《字汇补·石部》：“硟，碾缯石也。”清俞正燮《癸巳存稿·书难字后》：“《广韵》有‘碾，昌战反，压缯石。’不知何时字版模糊，《字汇补》收一硟字，云：‘楚扇切，压缯石。’”（2447B/2616B）

按：“《广韵》有‘碾，昌战反，压缯石。’”乃陈述文字，非直接引文，前无冒号，句号当标引号外。

197. 磣，同“磣”。《龙龛手鉴·石部》：“磣俗；磣，古文。”（2621B）

按：《大字典》引《龙龛》“磣”为被释字，字下当用逗号。又此字《大字典》原版作：zī《龙龛手鉴·石部》："磶，祖兮反。"《字汇补·石部》："磶，子兮切，音兹。义阙。"（2449A）《字海》作：同"磣"。字见朝鲜本《龙龛》。（1032A）张涌泉《汉语俗字丛考》云：通行本《龙龛》卷四《石部》平声："磶，俗；𥗮，古文：祖兮反。"又同部上声："𥗮𥗮，二古；磣，今：初朕反，～毒也，又砂土恶食也。""磶"和"磣"读音迥异，《字海》牵合为一，非是。"磶"、"𥗮"当皆为"磱"字异写，其字义待考（731—732）。张氏谓"磶"、"𥗮"当皆为"磱"字异写，字书无"磱"字，张说非是。今实考之，"𥗮"为"磣"字异写，"磶"为"𥗮"字回改失误。《可洪音义》卷二十一《道地经》音义："爱𥗮，初锦反。食有沙土也，亦毒也，亦覆也。正作磣、蔓二形也。经云'是身为辟（譬），如无所依，如无所依，舍爱不爱磣一切'是也。《川音》作磏，音险。郭氏音𥗮千计反；又作𥗮，祖兮反；又作磏，虚撿反[1]。反（又）开元楼藏经后有人音齊。后三家五切，并非经义也。"（35册333上）"齊"字古文作"亝"（见《玉篇·二部》），或作"𠫸"（见《集韵·齐韵》），俗作"斉"（见《可洪音义》卷十三），"磣"变作"𥗮""𥗮"，进而

1 《龙龛》卷四《石部》："磏，虚撿反。"（442）"磏"亦"磣"字俗讹，其音虚撿反者，从郭迻误读。《大字典·石部》："磏，（一）xiǎn《龙龛手鉴》虚检反。同'險'。《字汇·石部》：'磏，同險。'"（2460A/2633B）《龙龛》"磏"字不同"險"。

变作“𥗬”，流俗以“𥗬”字右旁为“齊”字古文，因回改为“磧”字。“𥗬（磣）”字初锦反，《龙龛》“磧”“𥗬”祖兮反者，从郭迻误读也。

198. 盱，同“盰”。《玉篇·目部》：“盱，举眼也，燕代朝鲜列水谓卢瞳子为盱。”（2642B）

按：“燕”“代”为两个地名，《大字典》原版“燕代”标作“燕代”（2469A），是也；第二版标作“燕代”，专名号误连。又《大字典》原版“盰”字第三义项引《方言》卷二：“黸瞳子……燕代朝鲜洌水之间曰盰。”（2469A），“燕”“代”亦标作两个地名。《大字典》第二版“盰”字第三义项引《方言》卷二：“黸瞳子……燕、代、朝鲜、洌水之间曰盰。”（2469A）“燕”“代”标作两个地名，是也；然地名之间又加顿号，此既无必要，又与全书专名号标注体例不合，欠妥。

199. 胖，（二）pàn《广韵》普半切，去换滂。“胖”的讹字。《广韵·换韵》：“胖，牲之半体。”周祖谟校勘记：“胖段（玉裁）改作胖，是也。故宫本、敦煌本、《王韵》、《唐韵》均从肉作胖。”（2657A）

按：“敦煌本”下顿号当删，“故宫本、敦煌本《王韵》”谓故宫本《王韵》[1]与敦煌本《王韵》；原版“故宫本”下标逗号（2481A），亦非。又：“故宫本、敦煌本《王韵》”已用顿号，“《王韵》”下顿号当改为逗号。敦煌本《王韵》去声《翰韵》

1 《王韵》为王仁昫《刊谬补缺切韵》省称。

普半反:“胖,牲半体。”(411)故宫本《王韵·翰韵》普半反:“胖,牲半体。”(500)唐写本《唐韵》残卷去声《换韵》普半反:“胖,牲胖(半)体。”(661)此周祖谟校勘记所本。又故宫本《裴韵·翰韵》普半反:“胖,牲牛(半)体。”(594)字亦从肉,周氏失检。

又:《大字典》原版引周祖谟校勘记“胖”下标逗号,当从。

200. 睋,同“瞋”。《正字通·目部》:“睋,旧注音盛,明也。按:吴元满《泝原》:瞋,重文作睋。《说文》:祕书:瞋或从成。据此说,旧注音训与《日部》晠相溷,非也。徐本《说文》睋,讹为眓,亦非。”(2485A/2659B)

按:大徐本《说文》四篇上《目部》:“瞋,张目也。从目,真声。眓,祕书瞋从戌。”段注:“祕书谓纬书。”小徐本“瞋”字重文作“睋”,注云:“祕书瞋从成。”《正字通》谓“徐本《说文》睋讹为眓”,所据当是大徐本。“徐本《说文》睋讹为眓”八字当连读,《大字典》“睋”下标逗号,非是。

又:“《说文》祕书瞋或从成”八字亦当连读,“《说文》”下、“祕书”下冒号并当删。

201. 晗,hán《字汇》胡南切。视。《龙龛手鉴·目部》:“晗,《江西经》音含、视二音。”《字汇·目部》:“晗,视也。出《释典》。”(原版 2492A)

hán《龙龛手鉴·目部》:“晗,《江西经》音含、视二音。”(2667B)

按:《大字典》第二版删去《字汇》书证并释义，当是参考了郑贤章的意见[1]。《江西经音》当是唐人佛经音义书之一种,《龙龛》引用之外,《可洪音义》亦多引之。《大字典》“音”字标于书名号之外，非是。

202. 瞖，“瞖”的讹字。《广韵·德韵》:“瞖，瞸瞖，欲卧也。”周祖谟校勘记:“瞖，当从五代刻本韵书作瞖。上文瞸下云‘瞸瞖、欲卧也。’字即作瞖。”(原版补遗31A/2687B)

按:“瞸瞖”为叠韵连绵词，训欲卧,《大字典》引周祖谟校勘记,“瞸瞖”下顿号当改作逗号,“欲卧也”后句号当改作逗号并移于后单引号之后。

203. 瞺，chàn《改并四声篇海·目部》引《搜真玉镜》:“瞺，初盏切。”……张涌泉《汉语俗字丛考》:“此字疑为‘鏟’的讹俗字。慧琳《音义》卷七七《释迦谱》第四卷音义:‘鏟，初盏反……《说文》云:‘鏶也。一曰平铁。从金，産声。’《谱》作瞺，误也。’是其证。”(2688B)

按:《大字典》引《丛考》引《慧琳音义》引《说文》“鏶也……産声”当用双引号；为版面整洁，双引号亦可不用。《大字典》标作单引号，误。

204. 瞯，同“瞷”。清邵瑛《群经正字·目部》:“瞯,《尔雅·释畜》:一目白，瞯作瞷。陆氏《释文》本作瞯……而

1 参见《龙龛手镜研究》“晗”字条，318 页。

字当作瞯。”（2515A/2691B）

按:《尔雅·释畜》:“马一目白瞯，二目白鱼。”《群经正字》“尔雅释畜一目白瞷作瞯”标点当作“《尔雅·释畜》一目白瞷作瞯”，谓《尔雅·释畜》“一目白瞷”之“瞷”作“瞯”也。《大字典》标作“《尔雅·释畜》:一目白，瞷作瞯。”则是“一目白，瞷作瞯”六字并为《尔雅》文，大违邵氏本意。

205. 畬，jǐng《字汇补》古鼎切。传说中的鬼怪名。《字汇补·田部》:“畬，高骈发塚，取砖甃，城鬼趙畬现形献书。书载《古文品外录》。”（2531B/2710B）

按:《字汇补·田部》:“畬，古鼎切，音警。高骈发塚，取砖甃城，鬼趙畬现形献书。书载《古文品外录》。”（591下）此《大字典》所本。“取砖甃城”当连读，“甃”犹修治也;《大字典》“城”字属下读，非是。《篇海》卷四《天部》引《类篇》:“畬，古鼎切。”（320上）此《字汇补》“畬”字注音之所本。《新修玉篇》亦收“畬”字，卷三十《龙龛余部·天部》引《川篇》:“畬，古鼎切。又音桂，明也。”（241上）《篇海》《新修玉篇》“畬”字乃“昋”字俗讹。《万象名义·日部》:“昋，古惠反。是（盖“見”字之误而阑入正文者）也，見。”（205上）《新撰字镜·天部》:“昋，古惠反，去。或作炅。光明也，人姓也。”（17—18）《玉篇·日部》:“昋，古惠、古迴（迥）二切。見也。亦作炅。”《集韵》上声《迥韵》畎迥切（与“古鼎切”音同）:“炅、昋，《说文》:见也。或作昋。”《五音集韵·迥韵》古迥切:“炅、昋，光也。又古惠切。”“畬”

字古鼎切，又音桂，训明，音义与“吞”字相同。明陈继儒《古文品外录》所载“鬼献书”事，又见宋扈仲荣等《成都文类》卷十五、明周复俊《全蜀艺文志》卷二十四、曹学佺《蜀中广记》卷一百二、《御定全唐诗》卷八百六十五，事主俱作“赵畚”，此“畚”字疑为“畚”字之误。五代后蜀何光远《鉴诫录》卷二“鬼传书”云：“西川高相公骈版筑罗城日，遣诸指挥分擘地界，开掘古冢，取砖甃城。独沧州守御指挥使姜知古卓旗占得西南肖波块（苦凷反，蜀人呼老弱为波，坟冢为块），其块即趙畚相公坟也。年代深远，碑文磨灭，走脚损缺，肖字存焉。姜君号令将健俟晓开之。是夜二更以来，忽闻墓上清啸数声，良久，有人云：冥司赵相公遣使送书。姜君惊曰：既是圣者送书，容某穿靴祇候。鬼使曰：冥司小鬼，何敢当之？姜君呼其仆，使铺排净席，焚香于庭，匍匐拜迎，虔心祝曰：某负何罪，圣者降临？鬼使出曰：虽显晦有殊，奉命差遣，欲陈之恳，愿面咨祈。乃持出一缄，展开数幅，并无文字。鬼使曰：但挑灯半灭灯影看之，其可见也。既而细视之，果见文翰流美，征古述今，词旨感伤……其书曰：冥司赵畚谨以幽昧致书于守御指挥靖公阁下：窃以赵氏之冤，搏膺入梦；良夫之枉，披发叫天。是以有冤必仇，无道则见。此则流于往史，载自前文。如畚者，一介游魂，九泉罔象。德不胜享，祷不胜人。无庙貌于世间，遂堙沉于泉壤。自蒙天谴，使掌冥司。虽叨正直之官，未达聪明之理。未尝以威伏众，唯知以礼依人。顷在本朝，叨为上相，不无滥德，敢有害盈。今者伏审渤海高公令君毁畚坟阙，况畚谪居幽府，天赐佳城，平生无战伐之仇，邂逅起诛夷之衅，得不抚铭旌而愤志，托觚染以申怀。伏希端公俯念无依，迴垂有鉴，特于万雉，免此一坏。傥全马鬣之封，敢忘龙头之庇！谨吟绝句，后幅上闻。不胜望德之至。谨白。其诗曰：我昔胜君昔，君今胜我今；人生一世事，何用苦相侵。"宋·阮阅《诗话总龟》卷四十八亦作"赵畚"。

206. 畾，同"晶"。《龙龛手鉴·田部》："畾，或作晶，正。田间地。"（2732B）

按：《龙龛》卷一《田部》："畾，或作；晶，正。音雷。田间也[1]。"（153）此《大字典》所本。《大字典》原版引《龙龛》"或作"下标分号（2552A），是也；第二版"或作晶"连读，致使"正"字无属。

207. 䣜，同"緟"。郭沫若《两周金文辞大系图录考释·䣜卣》："䣜作器者名，当是醽字之省文。孙诒让释醽为緟，近是。"（原版补遗31A/2733B）

按："作器者名""当是醽字之省文"都是对"䣜"所作说解，"䣜"下当标逗号。

208. 盬，盐块。《字汇补·皿部》："盬，盐块也。音未详。《星槎胜览》：'忽鲁谟斯山连五色，皆盐盬为盘盂，用盛食

1 也，中华书局影印高丽本、《续古逸丛书》本、文渊阁《四库全书》本同。《大字典》引作"地"，疑误。

物，不复加盐矣。'"（2571A/2753B）

按："皆盐"下当标句号；"鏨"当是"鑿"字传刻之误，属下读。"鑿为盘盂"谓凿山石制成盘盂。《明史·忽鲁谟斯传》："境内有大山，四面异色。一红盐石，鑿以为器，盛食物，不加盐而味自和；一白土，可涂垣壁；一赤土，一黄土，皆适于用。"明艾儒略《职方外纪》卷五："近忽鲁谟斯处有山，五色相间，亦纯是盐。土人鑿山石，旋以为器，贮食物，则不须和盐，盖其器已是盐，自生咸味也。"明方以智《物理小识》卷七："忽鲁谟斯在赤道北二十七度，地悉是盐，否则硫也。有山五色，皆盐，土人鑿石，旋以为器。"明陈耀文《天中记》卷七："忽鲁谟斯国有一大山，四面各产一物，一面海边，出盐，如红矾，可末而食之，不潮湿，鑿之，一块有三四百斤者。一出红土，如朱。一出白土，可垩。一出黄土，色如姜黄。其王令人守视各处，人货而用之（《瀛涯胜览》）。"《格致镜原》卷二十三引《瀛涯胜览》："忽鲁谟斯国有一大山，四面各产一物，一面海边，出盐，如红矾，可末而食之，不潮湿，鑿之，一块有三四百斤者，王令人守视，货之。"明茅瑞徵《皇明象胥录》卷五："山五色，皆盐。鑿为盘碟，因飡焉。"明严从简《殊域周咨录》卷九："山连五色，皆是盐也。鑿之，旋为盘碟碗器之类，食物就用，而不加盐矣。"明何乔远《名山藏》卷一百七《王享记》："〔忽鲁谟斯〕……國中有大山……一面产盐如红矾，鑿为盘匜，乘（盛）食物，不加盐矣。"《艺林汇考·饮食篇》："忽鲁谟斯山连五色，皆是盐也。鑿之，鏇（音贱）为盘碟碗器之类，食物就用，而不加盐矣。”明嘉靖古今说海本《星槎胜览》卷五：“山连五色，皆是盐也。鑿之，鏇为盘碟碗器之类，食物就用，而不加盐矣。”明万历九年刻本慎懋官《华夷花木鸟兽珍玩考》卷八同。并其证。《字汇补》“鏨”字训盐块，属上读，皆非是。

209. 奎，“㚇（穏）”的讹字。《字汇补·生部》：“奎，与穏同。见《说略》。”按：宋赵与时《宾退录》卷五引《桂海虞衡志》作“㚇”曰：‘亦音稳。’大坐亦稳也。”（2577A/2760A）

按：“宋赵与时《宾退录》卷五引《桂海虞衡志》作‘㚇’曰”，“㚇”下当用逗号，谓“奎”字《宾退录》卷五引《桂海虞衡志》作“㚇”、《宾退录》卷五引《桂海虞衡志》曰也。

又：宋·范成大《桂海虞衡志》云：“閫，音稳，坐于门中稳也。㚇，亦音稳，大坐亦稳也。”“大坐亦稳也”亦出《桂海虞衡志》，五字当标在单引号内。

210. 矲，同“瘤”。《字汇补·矢部》：“矲，古瘤字。见崔希裕《略古》：‘服虔曰：肉突曰矲。’”（2586A/2769A）

按：《古文四声韵·尤韵》引崔希裕《纂古》[1]“瘤”字古文作“矲”，乃《字汇补》“矲”字所从出。《大字典》引《字汇补》当标点作：“矲，古瘤字。见崔希裕《略古》。服虔曰：‘肉突曰矲。’”“肉突曰矲”为吴任臣引服虔说，非崔希裕所

1 《纂古》，《字汇补》称“《略古》”。

引也。《玄应音义》卷十八引服虔《通俗文》曰："肉凸（或作"肤"）曰瘤。"[1]"突""凸"音同义通。

211. 𨑨，同"歸"。《字汇补·白部》："𨑨，古文《易》《歸藏》作《𨑨匿》。"（2838A）

按：《歸藏》为三《易》之一，相传为黄帝所作。《周礼·春官·大卜》："掌三《易》之法，一曰《连山》，二曰《歸藏》，三曰《周易》。"贾公彦疏："此《歸藏易》，以纯坤为首，坤为地，故万物莫不歸而藏于中，故名为《歸藏》也。"[2]《歸藏》古文《易》作"《𨑨匿》"，《字汇补》"古文《易》"为《歸藏》之定语，"《易》"下顿号当删。《大字典》原版"《易》"下不标顿号（2651B），是也。

212. 痴，chī《玉篇》丑之切。①〔痴瘵〕不进不达之貌。《玉篇·疒部》："痴，痴瘵，不达也。"《龙龛手鉴·疒部》："痴瘵，痴瘵者。不进不达之貌。"（2868B）

按：《龙龛》卷四《疒部》："痴瘵，上丑之反，下直鱼、直據、丑據三反。痴瘵者，不进不达之貌。《玉篇》又病行貌也。"《大字典》引《龙龛》"痴瘵者"下句号当改为逗号，"痴瘵"为被释词，"不进不达之貌"是训释词。古书注疏被释词下习惯用"者"字。

213. 䨦，同"靈"。《广雅·释宫》："五帝庙，苍曰䨦府。"

1 《丛书集成》本，841 页下栏。

2 参见《汉语大词典》"歸藏"条。

王念孙疏证："《隋书·宇文愷传》《史记·五帝纪》索隐正义、《文选·颜延之〈曲水诗序〉》注、《初学记》《太平御览》，各本靈讹作霻。"（2752B/2944A）

按:《广雅·释室[1]》:"五帝庙，苍曰霻府。"王念孙疏证云:"……赤帝赤熛怒之府名曰文祖，火精光明，文章之祖，故谓之文祖，周曰明堂；黄帝含枢纽之府名曰神斗，斗，主也，土精澄静，四行之主，故谓之神斗，周曰大室；白帝白招拒之府名曰显纪，纪，法也，金精断割，万物成，故谓之显纪，周曰总章；黑帝汁光纪之府名曰元矩，矩，法也，水精元昧，能权轻重，故谓之元矩，周曰元堂；苍帝灵威仰之府名曰靈府，周曰青阳。以上见《隋书·宇文愷传》,《史记·五帝纪》索隐、正义,《文选·颜延之·曲水诗序》注,《初学记》,《太平御览》。各本靈讹作霻，斗讹作升，矩讹作柜，今订正。"《大字典》引王念孙语截取未当。"以上见《隋书·宇文愷传》……《太平御览》"语意已足，句末当标句号；《大字典》在"《太平御览》"下标逗号，非是。

214. 皶，同"皻"。《正字通·皮部》:"皻，俗省从占，作皶。"（2754B/2946A）

按:"皻，俗省从占作皶"谓"皻"字流俗求简改从占声写作"皶"，"俗省从占作皶"当连读；《大字典》"占"下用逗号，逗号当删。

---

1 室，王念孙改作"宫"。

215. 戠，同“職”。明周婴《卮林·解冯》：“按乐师戠曰：‘诏来瞽皋舞。’”（2784B/2976A）

按：“诏来瞽皋舞”见《周礼·春官宗伯·乐师》，《周礼》所述某官，皆言其职守，故《乐师》又称《乐师戠（職）》，“乐师戠”当标书名号。

216. 聝，guó《广韵》古获切，入麦见。职部。①古代割取所杀敌人的左耳，论数计功。《说文·耳部》：“聝，军战断耳也。”王筠句读：“《刀部》：刵，断耳也，是常刑，故此加军战以别之。”（2790B/2982B）

按：《说文》四篇下《耳部》：“刵，断耳也。从刀，从耳。”王筠句读“《刀部》刵断耳也是常刑故此加军战以别之”标点当作“《刀部》‘刵，断耳也’是常刑，故此加‘军战’以别之”，王氏意在说明“聝”“刵”二字之区别也。如《大字典》标点，则是自“断耳也”以下至“别之”皆为许慎对“刵”字所作训释，非也。此条“《刀部》”下冒号、“断耳也”下逗号皆属误加，“刵，断耳也”、“军战”单引号皆属漏标。

217. 罣，xié《广韵》户圭切，平齐匣。支部。②姓。王筠句读：“……梁四公子蜀闖之后……梁四公子，本亡是公。故传者不同，而其字皆不可以理解，不足深辨也。”（2999B—3000A）

按：唐张说《梁四公记》：“梁天监中有蜀闖、𩰫杰、数𪓐、仉腎四公谒武帝，帝见之甚悦。”（《说郛》卷一百十三上）“梁四公子”为南朝梁·蜀闖等四人总称，“梁”是朝代名，当标专名号；而“四公子”则是名词性词组，不当标专名号。《大字典》标作“梁四公子”，易令读者误以为是姓梁排行第四的一人。《大字典》“杰”字下引《广韵·薛韵》：“杰，梁四公子名𪍹杰也。”（1175A/1258B）与此同误。“蜀”字下引《广韵·齐韵》：“蜀，姓也。梁四公子蜀闖之后。”（2921B/3117A）“敪”字下引《广韵·烛韵》：“敪，姓也。梁四公子敪𪊲之后。”（4601A/4902A）“仉”字下引《玉篇·人部》：“仉，梁四公子姓也。”（109A/140A）皆不误。

又：“梁四公子本亡是公”是原因分句，“故传者不同”是结果分句，“亡是公”下句号当改为逗号，“传者不同”下逗号当改为句号。

218. 處，《说文》：“処，止也，得几而止。从几，从夂。處，処或从虍声。”（2822B/3017A）

按：“処止也得几而止从几从夂”标点当作“処，止也。得几而止，从几；从夂”。“止也”为《说文》“処”字释义，“也”下当标句号；“得几而止”并非释义，而是说明“処”字为什么从几，“得几而止”与“从几”为因果复句，“止”下当标逗号；“得几而止，从几”与“从夂”属于并列关系，“从几”之下当用分号。小徐本《说文》“処”字说解作“止也。从夂得几而止”、“凥”字说解作“处也。从尸得几而止”，明“得几而止”属说字形而非说字义。

219. 虇，同“霸”。《字汇补·虍部》：“虇，与霸同。出汉《鲁峻碑》。”《鲁峻碑》：“有黄虇召信臣在颍南之歌，以

公事去官。”（2832A/3024B）

按：“召信臣”三字应标为专名。黄霸与召信臣并见《汉书·循吏列传》。黄霸，字次公，淮阳阳夏人，曾任颍川太守等职；召信臣，字翁卿，九江寿春人，曾任南阳太守等职。黄霸、召信臣均为循吏，政绩突出，吏民爱戴，故《鲁峻碑》称鲁峻有黄霸、召信臣在颍南之歌也。清·王昶《金石萃编》卷十五[1]引《潜研堂金石文跋尾》云：“碑云‘有黄霸、召信臣在颍南之歌’，霸守颍川，信臣守南阳，此称颍、南者，各举其一字也。”据此，“颍南”当标作两个专名。《大字典》标点作“有黄霸召信臣在颍南之歌”，文意欠通。

220. 蝈，yīn《直音篇》音因。〔蝈蜠〕即“蠮螉”。细腰蜂。《搜神记》卷十三：“土蜂名曰蜾蠃，今世谓蝈蜠，细腰之类。”汪绍楹校注：“《法苑珠林》附音释曰：‘蝈蜠正作蠮螉。’蠮螉见《方言》：‘燕、赵之间谓小蜂也。’”（2849A/3042B）

按：“蠮螉见方言燕赵之间谓小蜂也”标点当作“蠮螉见《方言》，燕、赵之间谓小蜂也”。《方言》卷十一：“蠭，燕赵之间谓之蠓螉。其小者谓之蠮螉，或谓之蚴蜕；其大而蜜谓之壶蠭。”此汪绍楹所谓“蠮螉见《方言》”。“燕、赵之间谓小蜂也”乃汪绍楹参考《方言》解释蠮螉，并非直接引用《方言》，故《大字典》“《方言》”下冒号及单引号均当删。又：《搜神记》之“蝈”同“蠮”，《广韵》“蠮”字於结切，

1 清嘉庆十年刻、同治钱宝传等补修本。

音咽，当拼读作 yē；《直音篇》之“蝈”出自《篇海》，《篇海》之“蝈”出自《龙龛》，《龙龛》之“蝈”出自佛经“蛔”字俗讹而又从郭迻误读。“蝈”字来源有二：一为“蛔”字俗讹，一为“蠮”字所变。《大字典》混合为一，非是。参看杨宝忠《疑难字三考》“蝈”字条。

221. 蝩，（二）zhōng《集韵》诸容切，平钟章。蟲螽，即蚱蜢。唐玄应《一切经音义》卷十一：“蝩，蝗虫，《毛诗虫鱼疏》云：阜螽，蝗也……張斐解音律云：‘小曰蝩，大曰蝗。’”（2871A/3065B）

按：“张斐解音律”标点当作“张斐解《晋律》”。玄应《一切经音义》卷十一：“蝗虫，胡光、胡孟二反。《毛诗虫鱼疏》云：‘阜螽，蝗也。今人谓蝗子为螽子。云是〔鱼〕子化作。’张斐解《晋律》云：‘小曰蝩，大曰蝗。’蝩，音之容反。”（56册 987 上）此《大字典》所引《一切经音义》也。其中“晋律”《大字典》误作“音律”，又不加书名号，均非是。又玄应《一切经音义》卷八又云：“蝗虫，胡光、胡孟二反。《毛诗虫鱼疏》云：‘阜螽，蝗也。今人谓蝗子为螽子，鱼子化作[1]。’张斐解《晋律》云：‘小曰蝩，大曰蝗也。’”（56册 948 下）亦作“张斐解《晋律》”。《隋书·经籍志二》：“《汉晋律序注》

1 今本《毛诗草木鸟兽虫鱼疏》不见“鱼子化作”或“云是〔鱼〕子化作”。

一卷，晋僮长张斐撰。《杂律解》[1]二十一卷，张斐撰。”不详玄应所引出自《汉晋律序注》，还是《杂律解》。

222. 蟿，（一）qì《广韵》诘利切，去至溪。又苦计切。支部。〔蟿螽〕蝗的一种。《尔雅·释虫》：“蟿螽，螇蚸。”郝懿行义疏：“《春秋》桓五年正义引樊光云：‘蟿螽、土螽，皆蚣蝑之属。’郭以‘似蜙蝑而细长飞翅作声者为螇蚸。’郭说得之。”（2896A/3091B—3092A）

按：《尔雅·释虫》：“蟿螽，螇蚸。”郭璞注：“今俗呼似蜙蜒而细长、飞翅作声者为螇蚸。”《春秋·桓公五年》“螽”孔颖达正义：“《尔雅》又有‘蟿螽’‘土螽’，樊光云：‘皆蚣蝑之属。’然则螽之种类多，故言属以包之。”郝懿行《尔雅义疏》：“蟿螽者，《春秋·桓五年》正义引樊光云蟿螽、土螽‘皆蚣蝑之属’，郭以似蜙蝑而细长飞翅作声者为螇蚸，郭说得之。”郝懿行义疏“春秋桓五年”标点当作“《春秋·桓五年》”；据《春秋·桓公五年》正义，郝疏“樊光云蟿螽土螽皆蚣蝑之属”标点当作“樊光云蟿螽、土螽‘皆蚣蝑之属’”；“以……为……”为固定句式，虽“似蜙蝑（蜒）而细长飞翅作声者为螇蚸”见《尔雅》郭璞注，亦不可标注引号，以其变为郝懿行语一部分也。

223. 蠑，róng《广韵》永兵切，平庚云。耕部。〔蠑螈〕……《尔雅·释鱼》：“蠑螈，蜥蜴。蜥蜴，蝘蜓。蝘蜓，守宫也。”

---

1 《旧唐书·经籍志上》作“律解”，无“杂”字。

邢昺疏："在草泽中者名蝾螈、蜥蜴，在壁者名蝘蜓，守宫也。"（2901A/3097B）

按："在壁者名蝘蜓守宫也"标点当作"在壁者名蝘蜓、守宫也"。"蝘蜓"与"守宫"平列，犹上句"蝾螈""蜥蜴"平列。上句"蝾螈""蜥蜴"之间《大字典》标顿号，是也；此句"蝘蜓""守宫"之间标逗号，非是。

224. 蝨，烂。疑即"螎（融）字"。《改并四声篇海·虫部》引《俗字背篇》："蝨，考详恐螎字，出《羣字函》第六也。"《字汇补·虫部》："蝨，烂也。出《释藏·羣字函》。僧真空曰：考详经义，恐是螎字。"（2908A/3104B）

按："蝨"字成化本《篇海》未收，正德本始见，当是明人刻《篇海》据佛经新增者。《释藏》卷帙浩繁，分装若干函，每函用《千字文》一字排次，称作"某字函"，《大藏经》第一函称"天字函"，第二函称"地字函"，以此类推。"羣字函"当是《大藏经》第479函，不当标书名号；"《释藏·羣字函》"亦当标作"《释藏》羣字函"。《大字典·手部》"扏"字引《字汇补》："扏，见《释藏》疑字函。"（1829A/1934A）又《足部》："跋，同'伐'。《字汇补·足部》：'跋，方越切，音伐。出《释藏》卿字函。'"（3702B/3946B）标点皆不误。

又："俗字背篇"并非书名，不见字书正文而见于注文的字称作"背篇"，字书不收而见于社会流行之简体字及佛道文献用字称作"俗字"（一为韩道昭所搜集者，一为明人刻《篇海》新增者），合称"俗字背篇"，在《篇海》

中用“⊕”号代替[1]。《大字典》引《篇海》“俗字背篇”字，“俗字背篇”皆标书名，非是。

225. 䍃，《说文》：“䍃（旧字形作‘䍃’[2]），瓦器也。从缶，肉声。”徐灏注笺：“䍃，为瓦器之通名，因谓烧瓦灶为䍃，后又增‘穴’为‘窑’也。‘䍃’‘匋’语之转，肉声、䍃声，古音并在《幽部》。鼎臣谓当从‘𦉪’省，乃得声，非也。”（2936A/3132A）

按：“幽部”是指以幽为代表的古音韵部，不是书名，不应加书名号。

又：“䍃，为瓦器之通名”“肉声、䍃声，古音并在幽部”“鼎臣谓当从‘𦉪’省，乃得声”逗号皆当删。

226. 鉢，同“鉢”。《正字通·金部》：“鉢，俗作鉢。”宋苏轼《用前韵再和许朝奉》：“传家有衣鉢，断狱尽春秋。”（2936B/3133A）

按：“春秋”二字当标书名号，《春秋》是孔子修订的一部鲁国的编年史。《春秋》断狱是一种审判案件的推理判断方式，由西汉中期儒家代表人物董仲舒提出，主要用孔子的思想来对犯罪事实进行分析、定罪。即除了用法律外，可以用《诗》《书》《礼》《易》《乐》《春秋》六经中的思想来作为判决案件的依据。宋·宋祁《宋景文笔记》卷中：“《春秋》

1 参见杨宝忠《疑难字考释与研究》下编，北京：中华书局 2005 年，689 页。

2 “䍃”字单引号当改为双引号。

者，天下之正法也。孔子有王天下之才而不得位，故见其志于《春秋》，是以引天下之誉褒之，贤者不敢私；引天下之议贬之，奸人不敢乱。故汉人以《春秋》决狱，所以法仲尼也。”宋·施元之注“断狱尽《春秋》”云：“如隽不疑引《春秋》蒯聩断戾太子事，见《汉书》本传。”[1]

227. 䑛，tà《集韵》讬合切，入合透。缉部。噏。《说文·舌部》：“䑛，歠也。”……段玉裁注：“歠歓也……羹之无菜者，不用梜，直歠之而已。”（2944B/3141B）

按：段注“歠歓也”当标作“歠，歓也”，此引《说文》“歠”字说解解释《说文》“䑛”下说解之“歠”字，所谓“以许注许”也[2]。《说文》八篇下《歓部》：“歠，歓也。从歓省，叕声。”此段注所本。

228. 笶，tì《广韵》他计切，去霁透。古代车盖的竹骨架。《广雅·释器》：“筤谓之笶〔笶〕。”王念孙疏证：“《释名》：‘车弓上竹曰郎。郎与筤通。筤之言㝗也。’《说文》：‘㝗，康也。’《方言》：‘康，空也。’盖弓二十有八，稀疏分布㝗㝗然也。”（2949B/3146A）

按：《释名·释车》：“隆强，言体隆而强也；或曰车弓，似弓曲也；其上竹曰郎，疏相远晶晶然也。”“其”字代指车

---

1 见《施注苏诗》卷三十九。

2 参见杨宝忠《〈说文解字注〉句读识误》，文载《河北大学学报》2000年第5期。

弓，故王念孙引作“车弓上竹曰郎”。“郎与筤通。筤之言寁也”乃王念孙语，《大字典》标注于引《释名》之内，非是。《大字典》“筤”字下又引王念孙疏证语，标点作“《释名》：‘车弓上竹曰郎。’郎与筤通。筤之言寁也。《说文》：‘寁，康也。’《方言》：‘康，空也。’盖弓二十有八，稀疏分布寁寁然也”（2976A/3174A），标点不误。

229. 笙，《说文》：“笙，十三簧，象凤之身也。笙，正月之音。物生，故谓之笙。大者谓之巢，小者谓之和。从竹，生声。古者，随作笙。”（2955B/3152B）

按：“古者”后跟简单主谓句，其下逗号当删，义项①下引《说文》“古者，随作笙”，逗号亦当删。《大字典》“钟”字下引《说文》“古者垂作钟”（4258B/4586B）、“磬”字下引《说文》“古者毋句氏作磬”（2451A/2623B）、“簙”下引《说文》“古者乌胄作簙”（3013A/3214A）、“匋”下引《说文》“古者昆吾作匋”（258B/286A）、“舂”下引《说文》“古者雝父初作舂”（3039A/3241A）、“冕”下引《说文》“古者黄帝初作冕”（1514B/1624A）等等，“古者”之下均不加逗号，是也。

230. 符，fú《广韵》防无切，平虞奉。侯部。②符节，古代出入门关的凭证。……《后汉书·郭丹传》：“后从师长安，买符入函谷关。”李贤注：“符，即繻也。前书音义曰：旧出入关皆用传。传烦，因裂繻帛分持，后复出，合之以为符信。”（2957A/3154A）

按：“前书音义”即“汉书音义”，当标书名号。《隋书·经籍志》:“《汉书音义》七卷,韦昭撰。《汉书音义》十二卷,国子博士萧该撰。”《新唐书·艺文志》:“孟康《汉书音义》九卷,晋灼《汉书集注》十四卷又《音义》十七卷,韦昭《汉书音义》七卷,崔浩《汉书音义》二卷……刘嗣等《汉书音义》二十六卷。”唐前《汉书音义》有多家,虽不知李贤注《后汉书》所据《汉书音义》为哪家或哪几家,但《前(汉)书音义》为书名似可无疑。中华书局点校本《后汉书·郭丹传》李贤注“前书音义”标书名号(940),是也。

231. 苶,niè《集韵》诺叶切,入帖泥。③同“茶(荼)”。疲倦。《改并四声篇海·竹部》引《并了部头》:“苶,疲役也。乃叶切。”(2958A/3155B)

按:“并了部头”是《篇海》中的专门术语,指被改归了部首的字,不应标注书名号。成化本《篇海》卷五《竹部》引《玉篇》:“苶,乃叶切。疲役也。”泰和本、正德本、万历本同,《大字典》引《篇海》“乃叶切”在释义后,所据不知何本。《玉篇·竹部》:“苶,乃叶切。”《新修玉篇》卷十四《竹部》引《玉篇》亦云:“苶,乃叶切。疲役也。”《玉篇·竹部》有“苶”字,而《大字典》引《篇海》谓此字出自“并了部头”者,缘于《篇海·竹部》五画引《玉篇》字内增加了一个“笏”字,“笏”字《玉篇》归《筋部》,《篇海》归并掉了《筋部》,所以,原本在《筋部》的“笏”字改归了《竹部》,并在“笏”字之上标注了“并了部头”符号。该符号只辖“笏”字,“笏”字之下的“笛”“笣”直到“笄”字(其间包括“苶”)都是《玉篇·竹部》固有之字。因此，“《改并四声篇海·竹部》引《并了部头》”应改作“《改并四声篇海·竹部》引《玉篇》”。

232. 筡，tú《广韵》同都切，平模定。又丑居切。鱼部。③竹名。中空的竹。《尔雅·释草》：“簢、筡，中。”（2975A/3172B）

按：《尔雅·释草》：“粼，坚中。”郭璞注：“竹类也。其中实。”《释草》接云：“簢，筡中。”郭璞注：“言其中空。竹类。”宋·释赞宁《笋谱》：“簢笋，《尔雅》云：簢，筡中。郭注：其中空。今详竹皆空中；或自根至梢空中，则无节竹也。疑簢竹一名筡中。一云其中莩曰筡，可以为席。如此者，则其竹内隔莩，与常竹不同，故云筡中。为笋嫩而节莩薄也。”元·李衎《竹谱》卷六《异形品下》：“簢竹，《尔雅》曰：簢，筡中。郭璞注曰：其中空者名筡。赞宁云：其竹内隔莩，与常竹不同，故云筡中。笋嫩而节莩薄。”以《尔雅》“簢，筡中”接“粼，坚中”求之，“坚中”言粼竹之特点，意为实心竹；“筡中”当是言簢竹之特点，意为空心竹。《篆隶万象名义·竹部》：“筡，达胡反。空也，析也，筤，公也，中也，分也。”（140上）《新撰字镜·竹部》：“筡，达胡、耻於二反。空也，析也，分也，筤。”（449）“筡”可训空，筡中犹空中也。《大字典》标点作“簢、筡，中”，则“簢”“筡”皆成被释词，其义为中，恐有未当。《大字典》下文收“簢”字，引《尔雅》标点作“簢，筡中”，“簢”为被释词，“筡中”为训释词，是也。

233. 筦，guǎn《广韵》古满切，上缓见。元部。③通“斡（wò）”。转，运转。……《楚辞·天问》“斡维焉系？天极焉加”汉王逸注：“斡，转也。斡，一作筦。”闻一多疏证：“《太平御览》二、《事类赋注》一、《简斋诗集笺注》二三、《别伯共》注引并作筦，《玉篇·糸部》引作韩，此盖均假为斡。”（2975B—2976A/3174A）

按：“《简斋诗集笺注》二三、《别伯共》”顿号当删，《别伯共》为《简斋诗集》诗篇名。《大字典》于“《简斋诗集笺注》二三”下标顿号，是误以《简斋诗集笺注》《别伯共》为两书，殊误。《简斋诗集》是宋·陈与义（字去非，号简斋）的诗集，宋·胡稚为之笺注，笺注本名《增广笺注简斋诗集》，凡三十卷，有元刻本、四部丛刊景宋本等。《笺注简斋诗集》卷二十三《别伯共》诗云：“樽酒相逢地，江枫欲尽时。犹能十日客，共出数年诗。供世无筋力，惊心有别离。好为南极柱，深慰旅人思。”胡稚笺注：“屈〔原〕《天问》：‘筦维焉系？天极焉加？八柱何当？东南何亏？’注言：‘天有八山为柱。’”此闻一多所谓《简斋诗集笺注》二三《别伯共》注引《天问》“斡”作“筦”者也。又：伯共，当是向伯共也。《笺注简斋诗集》收录《题向伯共过峡图》二首、《以玉刚卯为向伯共生朝》诗，胡稚在后诗题下注云：“伯共，名子諲，文简公敏中之元孙也。任户部侍郎，挂冠而去，号芗林居士。”《宋史·向子諲传》：“向子諲，字伯恭，临江人，敏中玄孙，钦圣宪肃皇后再从侄也。”

234. 算，suàn《广韵》苏管切，上缓心。元部。①计算。如：心算；算账。……《汉书·律历志上》："数者，一、十、百、千、万也，所以算数事物，顺性命之理也。《书》曰：'先其算命。'"颜师古注："《书》逸书也。言王者统业，先立算数，以命百事也。"（2981B/3180A）

按：颜师古注"逸书"当标作"逸《书》"，谓《汉书》所引《书》"先其算命"为《尚书》逸文也。《汉书·陈汤传》："《周书》曰：记人之功，忘人之过，宜为君者也。"颜师古曰："《尚书》之外逸《书》也。"又《萧望之传》："《书》曰：戎狄荒服。"颜师古曰："逸《书》也。"又《王商传》："《周书》曰：以左道事君者诛。"颜师古曰："逸《书》也。"凡此"逸《书》"，均谓其文不见传世《尚书》者。中华书局点校本《汉书》颜注中"逸书"只在"书"旁标书名号，是也。

235. 簪，《说文》："先，首笄也。从人、匕，象簪形。簪，俗先。从竹，从朁。"（3014B/3215B）

按："从人"下顿号当改为分号，象簪形者为"匕"[1]，而"人（段注本作"儿"）"不象簪形。

236. 簡，jiǎn《广韵》古限切，上产见。元部。①古代用于书写的狭长竹片。……《汉书·艺文志》："刘向以中古文校欧阳、大小夏侯三家经文……率简二十五字者，脱亦二十五字，简二十二字者，脱亦二十二字。"（3017B—

1　段玉裁注："此非相与比叙之匕，乃象先之形也。"（406上）

3018A/3216A—B）

按："率简二十五字者，脱亦二十五字"与"简二十二字者，脱亦二十二字"为并列复句，"脱亦二十五字"下逗号当改为分号。

237. 箪，dān《广韵》都寒切，平寒端。元部。②小筐。《说文·竹部》引汉律令："箪，小筐也。"段玉裁注："汉律令之箪，谓匡之小者也，与经传所云'箪谓笥'者异。盖匡箪皆可盛饭，而匡筥无盖。"（3015B/3218A）

按：经传无"箪谓笥"之语，《大字典》所标单引号当删（或"箪"字加单引号）。段注"与经传所云箪谓笥者异"意谓汉律令中的"箪"表示小筐的意思，与古代文献中的"箪"表示笥的意思不同。亦即汉律令"箪"训小筐，古书"箪"训笥：意义有别。

又：《大字典》引段注"盖匡箪皆可盛饭，而匡筥无盖"语意未完，其后尚有"箪、笥有盖，如今之箱盒，其制不同，故小匡为别一义"。自"盖匡、箪皆可盛饭"至"故小匡为别一义"意在解释为何《说文》"箪"字既训为笥，又引汉律令训小筐。引证的目的是帮助读者准确理解字义，验证字义训释正确与否，故引证应选取文献中的完整语义段。引语不完，不仅不能帮助读者准确理解字义，还会给读者带来困惑。

238. 籋，liè《广韵》良涉切，入叶来。②竹编的篷席。……清翟灏《通俗编·杂字》："籋，《通雅》：'今江湖

船上称其旁蔽风雨者曰篣篱。'又称仓中踢足隔货者曰篱。"(3029A/3231A)

按:"仓中踢足隔货者曰篱"亦引《通雅》语,亦当加单引号。明·方以智《通雅》卷四十九《谚原》:"篣籬,滂丁、力匬切。《类篇》曰:舟车蓬也,粗箔也[1]。音近枰,与片声义相转。今韵书无此字,而江湖船上时时称之。或单称船仓中踢足隔货者曰籬。或作笭籬,讹为筌篾。"此《通俗编》所本。

239. 阼,zuò 慧琳《一切经音义》子各反。同"粹(糳)"。舂过的精米。唐慧琳《一切经音义》卷七十三:"粹哉":(粹)字宜作阼。……《三苍》注云:'糳,精米也。'"(3241B—3242A)

按:《大字典》引慧琳《一切经音义》使用了一个前双引号,两个后双引号,第一个后双引号("哉"字后)当删。

又:《大字典》被释字词之下一般用逗号,"粹哉"字下用冒号,亦是自乱其例。

又:《大字典》所引慧琳《一切经音义》来自玄应《一切经音义》卷十八(57册38上),《大字典》舍玄应《一切经音义》而引慧琳《一切经音义》,亦有未妥。

240. 臮,《说文》:"臮,众词与也。……"段玉裁注依《广韵》引作"众与詈也"。徐承庆段注匡谬:"按《说文》:众词与也,当读众词断,句即得其解。"(3250A)

---

1 《六书故》引同,今本《类篇》无"粗箔也"。

按:“当读众词断,句即得其解”标点当作“当读众词断句,即得其解”,谓“臮,众词与也”当读作“臮,众词,与也”。《篆隶万象名义 · 乑部》:“臮,渠冀反。辞(词)也,与也。既字。”(286 上)“臮”字分设两个义项。

又:“按《说文》”下冒号当删或改“众词与也”下逗号为句号;如《大字典》标点,则会令读者误以“当读众词断,句即得其解”亦为《说文》语。

241. ⿰皃尤,rǎo《字汇补》日矫切。远。《字汇补 · 儿部》:“⿰皃尤,《五音集韵》远也。”(3049A/3251A)

按:《字汇补》引《五音集韵》释“⿰皃尤”字,“《五音集韵》”下当标冒号。正德本《篇海》卷十《心部》“俗字背篇”:“⿰皃尤,‘照’同,理殊。涵虚子作。”正德乙亥刻本《五音集韵》去声《笑韵》:“⿰皃尤,之妙切。与照同,理远矣。丹那作。”万历己丑刻本作:“⿱罒⿱皃心、⿰皃尤,之妙切。古(与)‘照’同,理远之。与郝作。”万历二十二年刻本作:“⿱罒⿱皃心、⿰皃尤,之妙□□□□□远矣□□□。”“⿱罒⿱皃心”“⿰皃尤”为涵虚子所造“照”字,之妙切,理应收在笑韵照母之少切“照”字下,由于原版空间不足,故正德本将“⿱罒⿱皃心”“⿰皃尤”二字补于笑韵末尾日母人要切字下(本小韵收“绕”字),万历本从之。万历二十二年刻本“⿱罒⿱皃心”“⿰皃尤”二字说解残缺,存“之妙”“远矣”四字,《字汇补 · 儿部》:“⿰皃尤,日矫切,音绕。《五音集韵》:远也。”(468 下)《心部》又收“⿱罒⿱皃心”字,注云:“⿱罒⿱皃心,人矫切,音绕。《五音集韵》:远也。”(529 下)所见《五音集韵》当是万历残本。

242. 舩，（一）chuán《广韵》食川切，平仙船。同“船”……（二）fán《一切经音义》扶严反。船舷。唐玄应《一切经音义》卷十六引《埤苍》：“舩，舷也。”（3057A/3259A）

按：“舩”为“船”之异写，犹“鉛”之作“鈆”、“沿”之作“沿”也。“舩”字无扶严反之音，亦无舷义。《玄应音义》卷十六《优婆塞五戒相经》音义：“两舷，胡田反，舩两缘也。《埤苍》：舩舷也。亦名舰，音扶严反。”（57册10下。《慧琳音义》卷六十四同）引《埤苍》“舩舷也”三字当连读，乃“舷”字之训义，原本《玉篇》残卷《舟部》：“〔舷，胡田〕[1]反。《埤苍》：舩舷也。”（420）是其证。“舷”亦名舰，“扶严反”乃“舰”字之音，《万象名义·舟部》：“舰，扶严反。舷也，舵也。”（185上）《玄应音义》引《埤苍》“舩舷也”，《大字典》误读作“舩，舷也”，因以“舷也”为“舩”字训释，又误以“扶严反”为“舩”字之音，此《大字典》“舩”字第二音义所由生。

243. 艁，同“造”。……清黄遵宪《元朱碧山银槎歌》：“下镌至正壬寅字，朱华手艁[2]无差讹。”（3062A/3264A）

按：“朱华”二字当标专名号，即朱华玉省称也。《元朱碧山银槎歌》序云：“王阮亭《居易录》：槎杯，元银工朱碧

---

1 字头“舷”及反切上下字“胡田”据《万象名义》、今本《玉篇》补。

2 艁，民国铅印本《人境庐诗草》卷八作“造”。

山制……左镌朱华玉造，右至正壬寅图书碧山二字，皆小篆也。”清·王士祯《居易录》卷三十：“槎杯，元银工朱碧山所制。有古篆二十八字，云：欲度银河隔上阑，时人浪说贯银湾。如何不觅天孙锦，只带支机片石还。朱名华玉，浙之秀水人，杯是故吏部孙侍郎北海（承泽）家物。”又《池北偶谈》卷十四“汉蕘银槎”条：“又有元人所造银槎，最奇古。腹有文，曰：至正壬寅吴门朱华玉甫制。华玉号碧山，武塘人，见陶南村《辍耕录》。”

244. 艞，yìng《十韵汇编》以证切。②同“媵”。陪送出嫁。……《五音集韵·证韵》：“艞，送女从嫁。《尔雅》曰：‘媵，将送也。’”（3064B/3267B）

按：《五音集韵》引《尔雅》“媵将送也”标点当作“媵、将，送也”。《尔雅·释言》：“媵、将，送也。”郭璞注：“《左传》曰：以媵秦穆姬。《诗》曰：远于将之。”《左传·僖公五年》“以媵秦穆姬”杜预注：“送女曰媵。”《诗·邶风·燕燕》：“之子于归，远于将之。”毛传：“将，行也。”郑笺：“将，亦送也。”此“媵”“将”皆为被释词、训送之证。《大字典》“媵”“将”二字下引《尔雅》亦并训送。《大字典》“媵”下标逗号，“将”下不加逗号，则“媵”为被释词、训将送，非是。

245. 艒，同“舭”。《集韵·豪韵》：“舭，《博雅》：‘舭，舸舟也。’或从舀。”（3065B/3268B）

按：《广雅·释水》：“……舭、舸……艬，舟也。”《集韵》

引《博雅》[1]“舭”“舸”二字并列，皆为被释字，“舟也”为训释词。“舭”“舸”中间逗号当改为顿号，“舸”下当标逗号。

246. 衷，（一）zhōng《广韵》陟弓切，平东知。冬部。⑧姓。《正字通·衣部》：“衷，姓。汉哀、章之后。衷愉仕唐，改姓衷。”（3077A/3279A）

按：“哀章”姓哀名章，乃一人之姓名，专名号当连标；《大字典》标为两个专名，且在其间标注顿号，殊误。《汉书·王莽传上》：“梓潼人哀章，学问长安，素无行，好为大言。”《资治通鉴》卷三十六“梓潼人哀章”胡三省注：“哀，姓；章，名。《姓谱》曰：哀姓，以谥为氏。余按古人以哀为谥非一，《孔子弟子传》有公皙哀，《烈士传》有羊角哀，独不可以为出于其后乎？”《古今姓氏书辩证》卷六《十六咍》：“哀，《后汉·更始传》：‘王莽使国将哀章守洛阳。’注曰：‘《风俗通》：哀姓出自鲁哀公之后。因谥以为姓。”《万姓统谱》卷一《一东》：“（五代）衷愉，宁都人。本哀姓，仕南唐，以庆贺不便，赐姓衷。官至检校礼部尚书。南唐降宋，去官归山。”

247. 衸，jiè《广韵》古拜切，去怪见。又胡介切。月部。①裺膝，裙子正中开衩的地方。《广雅·释器》：“衸，裺膝也。”……清段玉裁《说文解字注·衣部》：“衸，《广雅》：‘衩、衸，袥，裺膝也。’《玉篇》：‘裺膝，裙衸也。’按：裺膝者，

1 即《广雅》，隋避杨广讳，改“博”为“广”。

裙衩在正中者也。故谓之袥，言其开拓也；亦谓之衸，言其中分也。”（3079A/3281B）

按：《广雅·释器》：“衩、衸、袥，褄膝也。”王念孙疏证：“《玉篇》：‘褄膝，裙衸也。’褄，曹宪音七益反，字从衣，朿声，朿音刺；各本讹从束，今订正。《玉篇》：‘衩，衣衸也。’《说文》：‘衸，袥也。’徐锴引《字书》云：‘衸，补㰱（膝）裙也。’《说文》：‘袥，衣衸也。’”“衩”“衸”“袥”同为被释词，训褄膝，“衩”下、“衸”下均应标顿号，《大字典》引段注在“衸”下标逗号，非是。《大字典》“袥”字下引段注引《广雅》“衸”下标顿号（3082B/3285A），不误。

248. 衳，zhōng《广韵》职容切，平钟章。①合裆的内裤。《广雅·释器》：“衳，㡓也。”王念孙疏证：“《说文》：‘㡓，幒也，’或作褌。’……《急就篇》：‘襜褕袷複褶袴褌。’颜师古注云：‘袴合裆谓之褌，最亲身者也。’”（3079B/3282A）

按：《说文》七篇下《巾部》：“㡓，幒也。从巾，軍声。褌，㡓或从衣。”此王氏疏证所引《说文》。《说文》“㡓”训“幒也”，训义已完，其后当标句号；《大字典》标作逗号，不确。

又：《大字典》于王氏疏证引《说文》标注一个前单引号，两个后单引号，亦误。“或作褌”并非直接引《说文》，其后后单引号当删。

249. 袟，zhì《集韵》直质切，入质澄。②秩序；次第。《广雅·释言》：“袟，程也。”王念孙疏证：“袟，通作秩，又作𪎭，秩与程古声义并同。《说文》：‘程，品也。又云𪎭，爵之次

弟也。'"（3083B/3286A）

按：《说文》七篇上《禾部》："程，品也。十发为程，十程为分，十分为寸。从禾，呈声。"又五篇上《豊部》："𧯷，爵之次弟也。从豊，从弟。《虞书》曰：'平𧯷东作。'"此王念孙所本。王氏引《说文》凡两条，标点当作"《说文》：'程，品也。'又云：'𧯷，爵之次弟也。'"《大字典》混为一条，欠妥。

250. 袷，（一）jiá《广韵》古洽切，入洽见。缉部。①夹衣。《说文·衣部》："袷，衣无絮。"徐锴系传："袷，夹衣也。"段玉裁注："此对以絮曰襺，以缊曰袍言也。"（3089B/3293A）

按：《说文》八篇上《衣部》："袍，襺也。从衣，包声。《论语》曰：'衣弊缊袍。'"接云："襺，袍衣也。从衣，繭声。以絮曰襺，以缊曰袍。《春秋传》曰：'盛夏重襺。'""袍""襺"皆装棉絮，而"袷"不装棉絮，故段玉裁云"此（袷）对'以絮曰襺、以缊曰袍'言也"。"对……言"是古今汉语习惯句式，当作一句读，段注"襺"下逗号当改为顿号。

又："以絮曰襺、以缊曰袍"为段玉裁引《说文》语，当标单引号。

251. 褔，kè《广韵》楷革切，入麦溪。④古国名。宋罗泌《路史·国名纪·周世侯伯》："眉器南宫中鼎云褔人是。"（3107A/3312A）

按：《路史》卷二十九："褔，周器《南宫中鼎》云'褔人'是。《说文》有䙐。""周器"《大字典》引作"眉器"，"眉"

当是“周”字之误。“南宫中鼎”为西周铜器，这里指该器上的铭文，依照习惯当加书名号。宋·薛尚功《历代钟鼎彝器款识法帖》卷十《周器款识》载《南宫中鼎》铭文，《路史》所谓“福”者，铭文作“”，薛尚功释作“懷”，王俅《啸堂集古录》释作“福”。明·梅鼎祚《皇霸文纪》卷四亦释“懷”，注云：“《啸堂集古录》‘懷’并作‘楅（福）’。”

252. 幦，同“幦”。《广韵·锡韵》：“幦，同幦。”……贾公彦疏：“犬幦，以犬皮为覆笭者。古者男子立乘须冯轼，轼上须皮覆之，故云犬幦。…云‘犬，白犬皮’者，以丧无饰明，用犬之白者，是以《士丧》记‘主人乘恶车，白狗幦’是也。”（3108B—3109A/3313B）

按：贾公彦疏所引“主人乘恶车白狗幦”见《仪礼·既夕》，《既夕》为《仪礼·士丧礼》下篇。《钦定仪礼义疏·卷首上》：“《仪礼》是经，《礼记》是传，儒者恒言之。及读《仪礼》，则《士冠礼》自记冠义以后即记矣……《士丧礼》自记士处适寝以后附在《既夕》者即士丧之记也。”《仪礼·既夕》：“记：士处适寝。”贾公彦疏：“凡记者，皆是经不具，记之使充经，文理备足也。”后人引《仪礼·既夕》“记”以下文字者，或称《士丧礼记》，或称《士丧记》。《左传·襄公十七年》：“食鬻，居倚庐，寝苫枕草。”孔颖达疏：“《丧服传》文及《士丧礼记》皆云‘居倚庐，寝苫枕甴；歠粥，朝一溢米，夕一溢米’。”引文见《仪礼·既夕》“记”下。《周礼·大宰之职》：“大丧，赞赠玉、含玉。”郑注：“含玉，死者口实，天子以玉。”贾公彦疏：“含玉死者口实者，案《士丧记》‘用贝三’，郑注‘左右齻及中央’：象齿坚。王含用玉，义亦然也。”所引“用贝三”见《仪礼·士丧礼》，“实贝，柱右齻左齻。郑注‘象齿坚’”见《仪礼·既夕》“记”下。“主人乘恶车白狗幦”在《仪礼·既夕》“记”下，故贾公彦称之为“士丧记”，“士丧记”三字当标为篇名。

又：“以丧无饰明，用犬之白者”标点当作“以丧无饰，明用犬之白者”，此意在解释郑玄缘何释正文“犬”为“白犬皮”。《大字典》“明”字属上读，文意欠通。

又：省略号作“……”，《大字典》“故云犬褑。”后标作“…”，误；《大字典》原版不误（3109A）。

253. 褿，cáo ㊀《广韵》昨劳切，平豪从。②垫席。也指小儿垫布。……清王筠句读补正：“……《广雅》：‘褿、祓、祾、褯也。’”（3111A/3316A）

按：《广雅·释器》“褿”“祓”“祾”为被释词，“褯也”为训释词，“祾”下顿号当改为逗号。

254. 禠，同“禘”。《广雅·释器》：“禠，谓之褓。”（3112B/3317A）

按：“某谓之某”为训诂常见表达方式，《大字典》引《广雅》“禠”下逗号当删。《尔雅·释器》：“盎谓之缶。”《广雅·释器》：“匧谓之榐。”《大字典》“盎”下引《尔雅》、“榐”下引《广雅》皆不用逗号，是也。

255. 褎，人名用字。宋赵彦卫《云麓漫钞》卷十：“机宜

公之外祖齐安郡王士褒，取去为寿光尧，今在天上矣。”（补遗 34B/3318A）

按：“褒”字张涌泉先生释为“儇”（《丛考》107），是也，文渊阁本《云麓漫钞》正作“儇”。士儇为宋宗室，自是姓赵，不姓王。“齐安郡王”当连读，乃赵士儇封号。《宋史·宗室列传·士儇》：“士儇，字立之，郇康孝王仲御第四子，有大志，好学，善属文……金人既归河南、陕西地，命士儇谒陵寝，遂入栢城，披历榛莽，随宜葺治，礼毕而还，特封齐安郡王，以旌其劳。”《大字典》原版、第二版皆于“王士褒”下标专名号，是以“王士褒”为姓王名士褒（《字海》误同）者，殊误。

又：“光尧”二字当标专名号，指宋高宗赵构。宋高宗绍兴三十二年（1162）禅位于皇太子赵昚，被尊为光尧寿圣宪天体道性仁诚德经武纬文绍业兴统明谟盛烈太上皇帝。

又：“齐安郡王”亦当标专名号。

又：“机宜公”是对王楶的尊称，王楶凭借母亲是赵宗室士儇的女儿，曾任镇江都统司机宜。为便于文意理解，“机宜公”三字亦可标注专名号。

256. 羌，《说文》：“羌，西戎牧羊人也。从人，从羊，羊亦声。南方蛮闽从虫，北方狄从犬，东方貉从豸，西方羌从羊，此六种也。西南僰人、僬侥从人，盖在坤地，颇有顺理之性。唯东夷从大，大，人也。夷俗仁，仁者寿，有君子不死之国。孔子曰：‘道不行，欲之九夷，乘桴浮于海，有以

也。’”（3125B/3330B）

按：《论语·子罕》：“子欲居九夷。或曰：‘陋，如之何？’子曰：‘君子居之，何陋之有？’”又《公冶长》：“子曰：‘道不行，乘桴浮于海。从我者，其由与？’”《说文》引孔子语标点当作“孔子曰：‘道不行，欲之九夷，乘桴浮于海。’”“有以也”意谓有原因、有道理，并非孔子语，三字当标在引孔子语之外。

257. 靺，wà，《集韵》勿发切，入月微。〔靺鞨〕2. 珠宝名。《太平广记》卷四百零三引戴君孚《广异记》：“有一僧人，请率百万，乃一腋下取一小瓶……瓶中是紫靺鞨，人得之者，为鬼神所护，入火不烧，涉水不溺。”（3129A/3335A）

按：《太平广记》“紫靺鞨”条但注明出《广异记》，未言《广异记》作者为谁。元·陶宗仪《说郛》卷一百十八上著录《广异记》，作者注明戴君孚。《大字典》引《太平广记》，补出《广异记》作者“戴君孚”，或参考《说郛》而补。今实考之，《广异记》作者为戴孚，并非戴君孚。宋·王应麟《玉海》卷五十七：“唐·顾况有《戴氏广异记序》。”原注：“戴孚，二十卷。”“戴孚”系《广异记》作者，“二十卷”是《广异记》卷数。《太平广记》卷三百五“王法智”条云：“六年二月二十五日夜，戴孚与左卫兵曹徐晃、龙泉令崔向、丹阳县丞李从训、邑人韩谓、苏修集于〔郑〕锋宅。会法智至，令召滕传胤，久之方至，与晃等酬献数百言。因谓诸贤，请人各诵一章；诵毕，众求其诗，率然便诵二首……。”

此条亦出《广异记》，则文中“戴孚”当即《广异记》作者。唐·顾况《华阳集》卷下《戴氏广异记序》云：“谯郡戴君孚，幽赜最深。安道之胤、若思之后、邈为晋仆射、逵为吴隐士，世济文雅，不陨其名。至德初，天下肇乱，况始与同登一科。君自校书，终饶州录事参军，时年五十七。有文集二十卷；此书二十卷，用纸一千幅，盖十余万言。虽景命不融；而铿锵之韵，固可以辅于神明矣。二子钺、雍陈其先志，泣请父友，况得而叙之。”据此序文，《广异记》作者当是唐代谯郡人戴孚，戴孚是戴安道、戴若思、戴邈、戴逵之后，与序文作者顾况为同科进士；曾官饶州录事参军，有文集二十卷、《广异记》二十卷。“戴孚”序文称作“戴君孚”者，“君”用在姓名之间，是对人的敬称。《说郛》以《广异记》作者为戴君字，此不明“君”字用法，又误“孚”为“字”也。《大字典》补出《太平广记》所引《广异记》作者“戴君字”，并于三字下标注专名号，非是。若必须补出作者名，专名号当标作“戴君字（孚）”。

258. 粇，yù《龙龛手鉴·米部》：“粇，《西川经音》云，别本是麫字，香严音於句反。”《字汇补·米部》：“粇，此字出释典，香严读。”（3144A/3351A）

按：《大字典·彐部》：“𠣝，同‘疇’。《龙龛手鉴·彐部》：‘𠣝，古文。直由反。《香严》又竹鸠、是丑二反。’《字汇补·彐部》：‘𠣝，与疇同。’”（961A—B/1031A）又《日部》：“暊，同‘則’。《龙龛手鉴·日部》：‘暊，香严音谒，旧藏作则字。'"（1523A/1633B）同是《龙龛手鉴》引"香严"，"香严"二字《大字典》或标专名号，或标书名号，或既不标专名号又不标书名号，处理颇不一致。燕台悯忠寺沙门智光《新修龙龛手鉴序》："郭迻但显于人名，香严惟标于寺号，流传岁久，抄写时讹。""香严"本为寺名，又为《香严随函》省称，《龙龛》引用《香严随函》，唯"䁉"字下使用全称，文云："䁉，乾、健二音。出《香严随函》。"（419）其余近70例引用该书，皆简称《香严》。智光《龙龛序》谓"香严""流传岁久，抄写时讹"，其中"香严"亦是《香严随函》省称。《大字典》"鬲"字下引《龙龛》，"香严"二字标书名号，是也；"粄"字下引《龙龛》"香严"标专名号、"喣"字下引《龙龛》"香严"既不标专名号又不标书名号，皆非是。

259. 粖，同"絥"。《字韵合璧·米部》："粖，《字林》云：'绣文如聚米，书粉米絺绣。'《韵文》作絥。"（3356A）

按：《字韵合璧》每页分上、下两层，上层按韵排列，内容属于韵书一类；下层按部首排列，属于字书一类，故其书称作《字韵合璧》。《四库全书总目》卷四十三《经部四十三·小学类存目一》："《字韵合璧》二十卷（内府藏本），不著撰人名氏，但题明鄱东朱孔阳订正刊行。编中分上、下二层，上辨音韵，下别偏旁，而谬悠舛误，不可枚举。""粖"字见《字韵合璧》下层《米部》，而"絥"字则见该书上层《荠韵》。《大字典》第二版引《字韵合璧》"粖"字说解标点多有未当：1.《字韵合璧》引《字林》[1]语仅“绣文如聚米”五字，“米”下当标句号并后单引号。2.“粉米絺绣”出自《尚书》，其上“书”字当加书名号，“《书》”下当标冒号，“粉米絺绣”加单引号。《尚书·益稷》有“藻火粉米黼黻絺绣”语，字韵书多节引为“粉米絺绣”。《洪武正韵·三荠》：“絥，《说文》：‘绣文如聚米。’亦作米。《书》：‘粉米絺绣。’”3.“《韵文》作米”标点当作“《韵》文作米”，“《韵》”即《字韵合璧》之“韵”字。

260. 糁，（一）sǎn《广韵》桑感切，上感心。侵部。④混杂。……《仪礼·大射》“参七十”汉郑玄注：“参读为糁。糁，杂也。杂侯者，豹鹄而麋饰下，天子大夫也。”（3160A/3368B）

按：郑注“下”字当属下读，“下”者，低也。贾公彦《仪礼·大射》疏云：“豹鹄而麋饰、下天子大夫也者，《司裘》云：卿大夫则共麋侯。此则以豹皮为鹄，以麋饰其侧，不用纯麋，是下天子大夫也。”《周礼·射人》：“若王大射，则以狸步张三侯。”郑玄注：“《大射礼》曰：大侯九十，参七十，干五十。是也。三侯者，司裘所共虎侯、熊侯、豹侯也。列国之君大射亦张三侯，数与天子同。大侯，熊侯也。参读为糁；糁，杂也。杂者，豹鹄而麋饰，下天子大夫。”贾公彦疏：

---

1 “绣文如聚米”实出《说文》。《说文》十三篇上《糸部》：“絥，绣文如聚细米也。从糸，从米，米亦声。”

“豹尊于麋，明以豹为鹄，以麋为饰耳。不纯用豹麋者，下天子大夫故也。”贾疏“下”字均属下读，是也。

261. 糶，同“糙”。《字汇补·米部》：“糶，米谷杂也。”按：《广韵·号韵》：“𥼚，米谷杂。糙、𥼚同。”（3164A/3373B）

按：《广韵》去声《号韵》七到切：“𥼚，米谷杂。糙，上同。”《广韵》“糙”是被释字，“上同”[1]为注文，《大字典》引《广韵》“糙”下顿号当改为逗号。

262. 艮，《说文》：“艮，很也。从匕目。匕目，犹目相匕，不相下也。《易》曰：‘艮其限。匕目为艮，匕（七）目为真也。’”（3170A/3378B）

按：《说文》引《易》至“限”而止，“艮其限”为《周易·艮卦》九三爻辞，后单引号当标在“限”字后；“匕目为艮，匕目为真也”为许慎说解字形语，《大字典》后单引号标在“匕目为真也”之后，是将许慎说解混入《易》文。

263. 良，（一）liáng《广韵》吕张切，平阳来。阳部。⑬副词。1. 表示肯定，相当于“的确”、“果然”。《史记·赵世家》：“诸将以为赵氏孤儿良已死，皆喜。”（3171A/3379A—B）

按：“赵氏孤儿”专名号当标在“赵”字下，“氏”“孤儿”皆为普通词语，不得与“赵”字连标为专名。中华书局点校

---

1 字书“同上”，《广韵》作“上同”，“上”皆指上面的被释字。此类用法的“上”字，《大字典》引用时多改为上面的被释字。

本专名号标在“赵氏”[1]二字旁（1784），“孤儿”二字不与“赵氏”连标为专名，标点不误。

264. 苫，（四）chān《集韵》处占切，平盐昌。〔苫滯〕也作“沾懘”。乐声杂乱不和谐。《史记·乐书》“五者不乱，则无沾懘之音矣”唐司马贞索隐：“苫滯。又本作‘沾懘’。”（3190A/3400A）

按：《大字典》引《史记》索隐“苫滯”为被释词，语意未完，其下句号当改为逗号。

265. 菍，同“乖”。《九经字样·艹部》：“菍，乖，戾也。上《说文》，下隶变。”（3400A）

按：《九经字样》“菍”“乖”二字并列，皆为被释字，“菍”下逗号当改为顿号。《大字典》原版“菍”下标顿号（3190A），不误。

266. 茈，（一）zǐ《广韵》将此切，上纸精。支部。②同“紫”。紫色。《山海经·东山经》：“（竹山）其中多茈羸。”郝懿行疏：“羸当为蠃，字之讹；茈蠃，紫色蠃也。”（3202A—3203B/3414A）

按：“某当为某字之讹”为校订古书误字常用表达方式，当作一句读。《大字典》引《山海经》郝疏“羸当为蠃”下逗号当删。

1　本书标点“某氏”二字皆连标专名号，《大字典》引用文献“氏”字多不与姓连标。

267. 荏，rèn《广韵》如甚切，上寝日。侵部。②大。《诗·大雅·生民》："蓺之荏菽，荏菽旆旆。"毛传："荏菽，戎菽也。"郑玄笺："戎菽，大豆也。"《尔雅·释草》："戎叔谓之荏菽。"郝懿行义疏："戎，壬，《释诂》并云大。壬、荏古字通，荏，戎声相转也。"（3206A/3417B）

按：《尔雅·释诂》："戎、壬，大也。"此郝懿行《尔雅·释草》疏"戎、壬，《释诂》并云大"之所本。郝疏"戎""壬"二字并列，其间当用顿号；《大字典》标作逗号，欠妥。

又：郝疏"壬、荏古字通"，"壬""荏"二字并列，《大字典》二字中间标顿号，是也；"荏、戎声相转也"之"荏""戎"二字亦并列，《大字典》二字中间标逗号，逗号当改为顿号。

268. 荅，（一）dá《广韵》都合切，入合端。缉部。③量词。《史记·货殖列传》："糵曲盐豉千荅。"裴骃集解引徐广曰："或作'台'，器名有瓵。孙叔然云：瓵，瓦器，受斗六升合为瓵。音贻。"（3207B/3418B）

按："受斗六升合为瓵。音贻"当标作"受斗六升。合为瓵，音贻"。"瓦器，受斗六升"解释"瓵"字，文意已足，其下当标句号。"合为瓵"即正文出现的"荅"字，徐广所见或本"台"字当作"瓵"，"音贻"是给"瓵"字的注音。中华书局点校本标点作"瓵，瓦器，受斗六升合为瓵。音贻。"（3276）盖为《大字典》所本。

269. 茹，rú ㊀《广韵》人诸切，平鱼日。又人恕切，人渚切。鱼部。⑬姓。《通志·氏族略四》："茹氏，《官氏志》：蠕蠕入中国为茹氏。又普陋茹氏改为茹氏，望出河内。"（3212A/3423B）

按："蠕蠕"为我国古代北方少数民族名，即柔然。《南史·夷貊传下·蠕蠕》："北狄种类实繁，蠕蠕为族，盖匈奴之别种也。""蠕蠕"二字当标专名号。

270. 菴，同"芼"。《龙龛手鉴·草部》："菴，或作芼。菜也。"（3216A/3428A）

按：《龙龛》卷二《草部》："菴，或作；芼，今。音毛。菜也。又音老。"（253）据此，"菴"为或字，"芼"为今字。《大字典》引作"菴，或作芼"，有违《龙龛》本意。建议此条引《龙龛》内容改作"菴，或作；芼，今。菜也"。

271. 萑，《说文》："萑（旧字形作'萑'），鸱属。从隹，从丫，有毛角。所鸣'其民有旤'。读若和。"（4092A/3449B）

按："其民有旤"所加引号当删。《说文解字系传》卷七《萑部》："萑，鸱属也。从隹，从丫，有毛角。所鸣其民有旤。……读若和。"徐锴云："旤，祸字也。按《尔雅》：萑，老鵵。注：木兔也，似鸱鸺头而小，头有角毛，夜飞，好食雉[1]。又曰：怪鸱。〔注〕今江东通呼此属为怪鸟。张华《博物志》曰：夜至人家，取人所弃爪甲，分别视之，则知吉凶。

1 雉，今本《尔雅》作"雞"。

凶者辄鸣，鸣则其家有祸。所以人弃爪甲于门内者也。”“所鸣其民有䰜”谓雈鸣叫的地方当地的人会有灾祸。《大字典》“其民有䰜”加引号，会使人误会该鸟鸣叫的声音为其民有䰜。

272. 菸，（一）yǎn《广韵》以转切，上狝以。元部。草名。《尔雅·释草》：“菸雀弁。”（3238B/3452B）

按：《大字典》引《尔雅》“菸”下当标逗号，“菸，雀弁”谓“菸”又名“雀弁”也。《万象名义·艸部》：“菸，惟裔反。雀弁。”

273. 蕺，同“證”。《龙龛手鉴·草部》：“蕺，古文音證。”（3264A/3480B）

按：《龙龛》卷二《草部》：“蕺、**𧂄**、**𦺮**，三。古文。音證。”此《大字典》“蕺”字所从出。“三”说明字头字数；“古文”说明字际关系；“音證”说明读音。《大字典》引《龙龛》“古文”下当标句号。

274. 𦺇，同“亟”。宋人余穜所造字。宋楼钥《跋𦺇书》：“<u>余</u>君<u>穜</u>编《大易粹言》，刊于龙舒，又自著书名曰《𦺇书》，以八起数。或问‘𦺇’字何义？<u>余</u>考《说文解字·二字部》‘亟’字注：敏疾也。从人、口、又、二。二，天地也。……<u>余</u>君既拟《太元》《潜虚》以为书，谓此字实备三才，故用之，亦务用奇字，故又加艹。”（3288B/3506A）

按：引《跋𦺇书》文出现三“余”字，其中两“余君”尊称余穜，“余”为姓氏用字，字下标专名号是也；至于“余考”之“余”，乃楼钥自称，《大字典》亦标专名号，非是。

宋·周密《癸辛杂识前集》:“余橦(穜)自著书,以拟《太玄》《潜虚》,命名《蘊书》,以八起数。蘊字之义亦未易晓,攻媿(楼钥号)尝为考云:《说文解字·二字部》:亟,敏疾也。从人、从口、从又、从二。二,天地也。去吏反……”考释“蘊”字者乃楼钥,非余穜也。

275. 蓤,sǒu《集韵》所九切,上有生。白滓。《集韵(原版缺“韵”字,缩印本同)·有韵》:“蓤,白滓。”《篇海类编·花木类·艸部》:“蓤,音溲。溲上白滓也。”(3296B—3297A/3515A)

按:《集韵》上声《有韵》所九切:“蓤,白滓。”《篇海》卷九《艸部》引《馀文》:“蓤,疏有切。白滓也。”《新修玉篇》卷十三《艸部》引《馀文》:“蓤,疏有切。白滓。”《五音集韵·有韵》疏有切:“蓤,白滓。”上引诸书“蓤”俱训白滓。《篇海类编》卷十《艸部》:“蓤,所九切,音溲,搜上。白滓也。”(《详校篇海》卷三《艸部》同)“搜上”《大字典》引作“溲上”,属下读,非是。“搜上”谓其字读“搜”之上声也。“溲”字《广韵》有平、上两读,上声一读疏有切仅有“溲”字,故《详校篇海》《篇海类编》“蓤”字注出“音溲”,嫌读为平声,故又注明“搜上”。《字汇·艸部》:“蓤,所九切,搜上声。白滓也。”是其证。

276. 蘵,“轗”的讹字。《康熙字典·艸部》:“蘵,《字汇补》作孔切,音总,与藻同。又《篇海类编》子皓切,音藻。见《周礼·藻车注》。”按:《周礼·春官·巾车》“藻车、藻蔽”汉郑玄注:“故书藻作轗。”《篇海类编·器用类·車部》

《字汇补·艸部》均作“轆”。(3318A/3537B)

按:“见《周礼·藻车注》”应标作“见《周礼》‘藻车’注”,“藻车注”非《周礼》篇名,不应标在书名号内。

277. 紀,(二)jǐ《广韵》居理切,上止见。姓。……《通志·氏族略二》:“紀氏,炎帝之后,侯爵姜姓,庄四年齐灭之。”(3367B/3589A)

按:“侯爵”下当标逗号,谓紀国是侯爵国也。《通志·氏族略二》:“息氏,亦作鄎。侯爵,妫姓。今蔡州新息县是。庄十四年楚灭之,子孙以国为氏。”《大字典》“息”字下引之,“侯爵”下标逗号,不误。

278. 結,(一)jié《广韵》古屑切,入屑见。质部。㉔姓。《世本·张澍稡集补注本》:“雔段,結姓。”(3391A/3614A)

按:《世本》久佚,清张澍有辑注本,凡五卷,此即“张澍稡集补注本《世本》”。“张澍稡集补注本”应置于“《世本》”之前,《大字典》将“张澍稡集补注本”置于书名号之内,殊为不类。

又:《世本》卷三《氏姓篇》:“雔、段,結姓(《路史》注)。”张澍注:“罗泌谓段宜作斷,即卷楚也。晋地有斷道,即卷楚。《世本》作段,写误。又桉(案)贾逵《左传解诂》:雍氏,黄帝之孙,姞姓之后,为宋大夫。是結即姞也。”(《续修四库全书》本)《路史》卷二十四《国名纪》:“雔,伯爵,汴之雔丘、郑庄夫人雔,姞国。《姓纂》云:宋之雔氏,本姞姓。《寰宇记》:雔氏,黄帝后,姞姓。是矣。”接云:“斷,晋地有斷道，即卷楚也。《世本》作段，写误。”末云：“右一十四国，黄帝后，結姓分（結本姓，今多用从女字）。黄帝之子二十五人，为姓十二。姬、釐俱帝，而任、結二姓为此二十九国，其他子姓固称是也。”此张澍辑注《世本》“雝、段，結姓”所从出。《路史》“雝”“斷（《世本》作‘段’）”为二国名，皆姞姓国，《大字典》“雝段”专名号连标，非是。

279. 縭，lí《广韵》郎奚切，平齐来。支部。〔繫縭〕劣等絮。《说文·糸部》：“縭，繫縭也。一曰維也。”王筠释例：“……‘一曰’猶云‘一名’，谓繫縭又名絓縭也，仍是叠韵字。‘絓’下云‘茧滓絓头也’，是知絓縭仍是恶絮，特呼之者不同词耳。”（3437A—B/3665B）

按：“特呼之者”下当标逗号，“不同词耳”用来揭示原因。

又：“是知絓縭仍是恶絮”语意已完，句末逗号当改为句号。

280. 趌，hé《广韵》胡格切，入陌匣。①僵。《广雅·释诂四》：“趌，僵也。”王念孙疏证：“趌者，《尔雅》‘栈木、干木’注云：‘殭，木也。’江东呼木觡。觡与趌声近义同。”（3486B/3718A）

按：《尔雅·释木》：“栈木，干木。”郭璞注：“橿（陆本作“殭”）木也。江东呼木觡。”“栈木，干木”为判断句，“干木”是“栈木”的释义，“栈木”下当标逗号，《大字典》标作顿号，是将判断关系变作平列关系。

又：“殭”无木义，“殭木”是对正文“栈木”“干木”之说解，二字当连读，《大字典》标作“殭，木也”，割裂了注文与正文之关系。

又：“江东呼木觡”乃郭璞以今语释古语，谓晋时“栈木”“干木”称作“木觡”，五字当标在单引号内，《大字典》标在单引号外，是将郭璞语变作王念孙语。

281. 这，同“这”。清黄景仁《塗山禹碑》：“……乐作言产兼沂巢。”（原版补遗 37A/3718A）

按：“乐作言产兼沂巢”犹言管乐齐鸣。《尔雅·释乐》云：“大笙谓之巢。”释文：“巢，高也，言其声高。”以其为竹制乐器，后或加旁作“篻”，《玉篇·竹部》：“篻，侧交反。大笙，有十九簧。”《释乐》又云：“大篪谓之沂。”释文：“沂，又作箭。音宜肌反。”《释乐》又云：“大箫谓之言。”释文：“言，如字；本或作管，音同。”《释乐》又云：“大籥谓之産。”释文本作“簅”，云：“簅，音産，字又作産。”言（管）、産（簅）、沂（箭）、巢（篻），皆乐器名，“沂巢”乃名词词组，《大字典》二字标为专名，非是。

282. 𨋈，（二）ruǎn《集韵》乳衮切，上獮日。同“輭”。柔软，与“硬”相对。唐慧琳《一切经音义》卷十八：“诸史书多音𨋈为耎，作柔𨋈用。人衮反，今不用此音。”《集韵·獮韵》：“𨋈，柔也。”《字汇·車部》：“𨋈，与輭同。杨用修曰，俗作軟，从欠，盖反字之误。”（3525A/3758B）

按：《字汇》引“杨用修曰”下逗号当改为冒号；“俗作

輭”为《字汇》引杨慎语，引语已完，“輭”下逗号当改为句号。《集韵》上声《獮韵》乳兖切：“輭、輭、輭、需、濡，柔也。或从耎、从欠，亦作需、濡，通作耎。”“輭”字乳兖切，《大字典》引作“乳衮切”，“衮”当是“兖”字之误，下引慧琳《一切经音义》“人衮反”亦当作“人兖反”。“輭”为獮韵字，《广韵》韵目字作“獮”，“輭”字声韵调《大字典》标作“上獼日”，“獼”当是“獮”字之误；第一音项《大字典》根据《广韵》尼展切声韵调标作“上獼娘”，“獼”亦“獮”字之误。

283. 貫，（一）guàn ㊀《广韵》古玩切，去换见。又古丸切。元部。㉑姓。宋邵思《姓解》卷二引《姓苑》云：“貫，齐有貫珠，汉有赵相貫高。”《汉书·贾谊传》：“张敖王赵，貫高为相（3628B—3629B/3868A）

按：引《汉书》“张敖王赵”当标作“张敖王赵”，“王”为名词用作动词，意为“为……之王”。张敖是赵王张耳之子，汉高祖五年（公元前202年），张耳薨，张敖袭爵赵王。《大字典》标作“张敖王赵”，则是张敖一人，王赵又一人，句意不通。中华书局点校本《汉书·贾谊传》标点不误（2233）。

284. 貼，（三）tàn 同“赕”。我国古代南方某些少数民族以财赎罪。《玉篇·貝部》：“赕，蛮夷以财赎罪。貼，同赕。”《改并四声篇海·貝部》引《对韵音训》：“貼，音赕，义同。”（3631B/3871A—B）

按:《玉篇·貝部》:“賧，吐濫切。蛮夷以财赎罪也。貼，同上。”金刻元修本《篇海》卷六《貝部》五画引《玉篇》:“貼，音賧，义同。”八画又引《玉篇》:“賧，吐濫切。蛮夷以财赎罪也。”成化、正德、万历诸本同。《新修玉篇》卷十三《貝部》五画引《玉篇》:“貼，吐濫切。蛮夷以财赎罪也。”八画又引《玉篇》:“賧，吐濫切。蛮夷以财赎罪也。”《玉篇》“貼”字与其正体“賧”接排，“賧”字已经作了详注，故“貼”字简注“同上”。《篇海》《新修玉篇》继承金人王太《类玉篇海》的编排体例，部中字按笔画多少编排。“貼”“賧”虽属异体字，但因笔画数不同，被《篇海》《新修玉篇》分别排在了《貝部》五画和八画引《玉篇》字内(当是继承《类玉篇海》)。“貼”字在《篇海》《新修玉篇》中不再接排在“賧”之下，不能再像《玉篇》那样采取简注的方式(“同上”)。因此，《篇海》引《玉篇》“貼”字改注为“音賧，义同”，音、义皆与“賧”同，即《玉篇》“同上(賧)”;《新修玉篇》引《玉篇》“貼”字改注为“吐濫切。蛮夷以财赎罪也”，“貼”字与《玉篇》“賧”字训释全同。《篇海》“貼”字出自《玉篇》，《大字典》谓该字出自《篇海》引《对韵音训》者，此不明《篇海》体例所误也。《篇海》同部同笔画下列字次第:先列《玉篇》字，首字前不标注引书符号;次列《馀文》字，首字前标注“○”号;次列《龙龛》字，首字前标注“◓”号;其后引《川篇》字，标注“◐”号;引《搜真玉镜》字，标注“◎”号;引《奚韵》字，标注“●”号;引《类篇》字，标注“◒”号。以上7种，皆字书（含韵书）也。除此以外，《篇海》另有3种符号：⊙，表示“对韵音训”；⊕，表示“并了部头”；⊕，表示“俗字背篇”。此3种符号，代替的都不是书名。其中“并了部头”表示该符号下收录的字形是由它部改并过来的；“俗字背篇”表示该符号下收录的字或者是社会流行的俗字，或者是以前字书注文出现的字。至于“对韵音训”，则通常表示参考《韵》[1]对来自《玉篇》的某字增加了注音和训释，“⊙”号仅仅统辖1字[2]。《篇海·貝部》五画字内据《玉篇》收录“賁”字，《玉篇·貝部》：“賁，彼寄切，饰也，黴也。又布门切，虎贲，勇士。又扶非切，人姓。”《篇海·貝部》五画引《玉篇》：“⊙賁，府文切，饰也。又符文切，三足龟也。又孚员切，《山海经》云：‘桂林八树作～隅。’又布还切，古文班（当作“斑”），驳也，文也。又博昆切，勇也，《周礼》有虎～氏。又符非切，姓也，出《姓苑》。又般美切，卦名，～，饰也。又方问切，有勇力也。又房吻切，怒也。又力竹切，～浑[3]，地名也。”《玉篇》“賁”字有三个音项，《篇海》引《玉篇》参考《韵》增加至十个音项，义项亦有大量增加。《篇海·貝部》五画“⊙賁”字下隔

1 疑为荆璞《五音集韵》，已失传。

2 参见梁春胜《〈新修玉篇〉〈四声篇海〉引书考》，《中国典籍与文化》2008年第4期。

3 金刻元修本作“軍”，误。《公羊传·宣公三年》：“楚子伐賁渾戎。”陆德明释文：“賁渾，音六，或音奔；下户门反。二传（《左传》《谷梁传》）作陸渾。”

7字（“〓”“贾”“貸”“〓”“貳”“貰”“〓”，皆见《玉篇》）而收“〓”字，“〓”字以下12字至“貽”皆《玉篇》字。“貽”字以下为《馀文》字，首字“眞”上标注“○”号。《大字典》编者既不知“对韵音训”不是字书，又不知《篇海》“⊙”号仅统辖1字，因谓“〓”字出《篇海》引《对韵音训》，皆非是。

285. 〓，chóu《字汇补》澄求切。田。《字汇补·里部》：“〓：《篇韵》，田也。”（3685B/3928B）

按：《字汇补》“〓”为被释字，字下当标逗号；“《篇韵》田也”是《字汇补》引《篇韵》[1]训释“〓”字，《篇韵》下当标冒号。《大字典》当标逗号者标了冒号，当标冒号者标了逗号。又：《篇海》卷四《田部》引《川篇》：“〓、〓，二音紬。田也。”（639下）此“〓”字之始见者，为《字汇补》“〓”字所从出。《新修玉篇》卷二《田部》引《川篇》：“〓、〓，二音紬。田也。”（20下）“〓”“〓”传刻之异。“〓”字《字海》据《馀文》（当是《篇海》引《川篇》）转录作“〓”，以为同“疇”（1044C），其说近是；“〓（〓）”“〓”同条，疑亦“〓（疇）”字俗讹。

286. 踤，同“跨”。《五经文字·足部》：“踤，跨，上《说文》，下经典，相承隶省。”（3701B/3945A）

1 明代曾将韩道昭《四声篇海》《五音集韵》合刊，称作《五音篇韵》，省称《篇韵》。《字汇补》所引《篇韵》多指《篇海》，与段玉裁、方成珪所谓《篇韵》为《玉篇》《广韵》省称者不同。

按:《五经文字》“踤”“跨”二字并列，中间逗号当改为顿号。

又:“下经典相承隶省”七字连读，“典”下逗号当删。

287. 踒，(一)wō《广韵》乌禾切，平戈影。歌部。①骨伤折。1. 专指足骨折。《说文·足部》:“踒，足跌也。”段玉裁注:“跌，当为胅字之误也。《肉部》曰:‘胅，骨差也。’踒者，骨委屈失其常。故曰胅。亦曰差跌。”《仓颉篇》卷中:“踒，挫兄为踒。”(3717B/3962B)

按:段玉裁注“跌当为胅字之误也”标点当作“跌，当为胅，字之误也”。“某，当作某，字之误也”为段注《说文》常见的校订文字讹误的表达方式[1]。《大字典·巾部》:“㡛，《说文》:‘㡛，𢃳也。从巾，剌声。’段玉裁注:‘𢃳，当作拂，字之误也。’”(746B—747A/858A)标点是也。

又:“骨委屈失其常。故曰胅”为因果复句，“骨委屈失其常”是原因分句，语意未完，其下句号当改为逗号。

又:《大字典》引《仓颉篇》“挫兄为踒”,“兄”当是“足”字之误。

288. 蹥，yǎn《龙龛手鉴》鱼揜反。〔蹥斯〕古代指善玩蹴鞠戏的杂技艺人。明焦竑《焦氏笔乘·白打钱》:“……又丁晋公有《白打大蹥斯》。”(3976B)

按:《后村诗话》“踘蹴”条引丁晋公(渭)诗:“背装花

1 汉代郑玄笺《诗》注《礼》已多用此法。

屈膝，白打大廉斯；进前行两步，跷去立多时。”（《说郛》本）“白打太廉斯”（焦竑引作“白打大蹥斯”）乃诗句，非书名，《大字典》第二版标注书名号，欠妥。为语意显豁，“白打大蹥斯”可标单引号。原版“白打大蹥斯”不标书名号，亦未标单引号（3729A）。

289. 蹮，（一）chì《集韵》丑例切，去祭彻。③同“逝”。唐玄应《一切经音义》卷三：“蹮，郭训《古文奇字》以为古文逝字。”（3733A/3980A）

按：专名号当标“郭训”二字下。《旧唐书·经籍志上》《新唐书·艺文志》并著录《古文奇字》二卷，郭训撰。

290. 邜，《说文》：“邜，京兆蓝田乡。从邑，口声。”段玉裁注：“邜者，乡名。今人叩击字从卩，不当作邜。”王筠句读：“《百石卒史碑》：邜头字屡见，知初本借邜，后乃作叩耳。”（3755B/4002B）

按：“蓝田乡”当标作“蓝田乡”，谓“邜”是京兆蓝田县的一个乡，其乡名为“邜”；《大字典》标作“蓝田乡”，专名号后延。

又：王筠句读“《百石卒史碑》邜头字屡见”当连读，谓《百石卒史碑》叩头的“叩”字写作“邜”多次出现[1]；《大

1 《隶辨·厚韵》叩头字作“卩阝”，顾蔼吉云：“《孔龢碑》：卩阝头。按《广韵》叩头之叩其字从卩，从阝者，蓝田乡名也。碑盖通用。”《孔龢碑》即《百石卒史碑》，又称《乙瑛碑》。

字典》在“《百石卒史碑》”下标冒号，亦非是。

291. 郝，《说文》：“郝，琅邪县也。一名纯德。”（3757B/4004B）

按：“琅邪县”谓琅邪郡之县。《汉书·地理志》琅邪郡辖51县，而郝[1]为该郡属县之一。专名号当只标于“琅邪”下，《大字典》原版标注不误（3757B）。

又：《说文·邑部》：“郿，右扶风鄠乡。”“右扶风鄠乡”谓郿是右扶风鄠县属下的一个乡，专名号当标作“右扶风鄠乡”，《大字典》标作“右扶风鄠乡”（3763A/4011A）；《说文·邑部》：“鄓，河东闻喜聚。”“河东闻喜聚”谓“鄓”是河东郡闻喜县属下的一个聚落，专名号当标作“河东闻喜聚”，《大字典》标作“河东闻喜聚”（3788B/4039A）。均属同类错误。此类问题《大字典》尚有不少（集中在《邑部》字），为节省篇幅，不再逐一列出。

292. 郎，（一）láng《广韵》鲁当切，平唐来。阳部。③旧时妇女对丈夫或情人的称呼。《广雅·释诂一》：“郎，君也。”王念孙疏证：“郎之言良也。《少仪》‘负良绥’。郑注云：‘良绥，君绥也。’良与郎声之侈弇耳，犹古者妇称夫曰良，而今谓之郎也。”（3770B/4019A）

按：“《少仪》‘负良绥’”语意未完，当与“郑注云”连读，《大字典》第二版“负良绥”下标句号，原版标逗号（3770B），均有未当。

1 班固注：“〔王〕莽曰纯德。”

又:“良与郎”下当标逗号,“声之侈弇耳”说明二字语音关系,《大字典》“良与郎声之侈弇耳”连读,亦有未当。

293. 郟,jiá《广韵》古洽切,入洽见。盍部。①古邑名。春秋郑地,后属楚。在今河南省郏县。《说文·邑部》:“郟,颍川县。”段玉裁注:“见《前(汉书·地理)志》:故楚郏邑也……在今河南汝州郏县。”(3772B—3773A/4021B—4022A)

按:《说文》六篇下《邑部》:“郟,颍川县。从邑,夾声。”段玉裁注:“见《前志》。故楚郏邑也。《左传·昭元年》:‘楚公子围使公子黑肱城郏。’《十九年》:‘令尹子瑕城郏。’秦二世元年,陈胜将邓宠将兵居郏。在今河南汝州郏县。”(291下)“《前志》”是《汉书·地理志》的简称。《汉书·地理志上》颍川郡辖县二十,其中有郏,故《说文》“郟”训颍川县段氏谓“见《前志》”也。“见《前志》”语意已足,末当标句号。《大字典》标冒号,则是本属段注的“故楚郏邑也”至“在今河南汝州郏县”一段文字皆成《汉书·地理志》语,非是。

294. 鄶,kuài《广韵》苦卖切,去卦溪。又《集韵》苦怪切。微部。①古乡名。也作“蒯”。《说文·邑部》:“鄶,汝南安阳乡。”……王筠句读:“鄶,字通作蒯。《左·昭二十三年传》‘攻蒯,蒯溃’注云:河南县蒯乡也。”(3773A/4022A)

按:“蒯溃”之“蒯”与上“攻蒯”之“蒯”所指相同,《大字典》“攻蒯”之“蒯”标专名号,是也;“蒯溃”之“蒯”下不标专名号,盖漏标也。

295. 郰，lǐ《广韵》良士切，上止来。之部。④同“俚”。鄙俗。……唐玄应《一切经音义》卷四十七：“鄙俚，下又作郰，同……《汉书》‘质而不郰’。如淳曰：‘虽质，犹不如閭里之郰言也。’”（3774A/4023A）

按：《一切经音义》引《汉书》“质而不郰”可以视为直接引用，则标点当作“《汉书》：‘质而不郰。’”；也可以视为玄应摘出《汉书》词语意在引出如淳对该词语的解释，则标点当作“《汉书》‘质而不郰’如淳曰”。《大字典》标点作“《汉书》‘质而不郰’。”非是。又：玄应《一切经音义》（又称《众经音义》）只有二十五卷，《大字典》引“玄应《一切经音义》卷四十七”，“玄应”当作“慧琳”，引文见慧琳《一切经音义》卷四十七；义项③引“玄应《一切经音义》卷四十七”误同。

296. 郴，（一）chēn《广韵》丑林切，平侵彻。侵部。②姓。《广韵·侵韵》：“郴，姓。陶侃别传有江夏郴宝。”（3778A/4027B）

按：唐·林宝《元和姓纂》卷五：“《陶侃别传》：郴宝，代居江夏。”此盖《广韵》“郴”字说解所本。“陶侃别传”乃古书名，梁刘孝标注《世说新语》两引之。《太平御览》书前《经史图书纲目》有《陶侃别传》，书内引《陶侃别传》两条。

297. 郣，同“敧”。《字汇补·邑部》：“郣，与敧同。见《日月灯注》。”（3778A/4027B）

按："日月灯"为《音韵日月灯》省称，"注"指字头下的说解文字。明·吕维祺著、吕维祜诠《音韵日月灯·同文铎·四支》："攲，丘奇切。本作攲。持去也，不正也。又攲器。亦作攲，或作□（此字漫漶）、郩。"[1]此《字汇补》"郩"字所从出。"见《日月灯注》"当改作"见《日月灯》注"。

298. 郹，同"鄚"。……清李调元《奇字名》卷三："许氏《说文注》：'上谷有郹县。'"（3782A/4032A）

按："《说文注》"标点当作"《说文》注"，此"注"字谓注释、说解也。许慎书名《说文解字》，省称《说文》。《说文》六篇下《邑部》："郹，周封黄帝之后于郹也。从邑，契声。读若蓟。上谷有郹县。"此《奇字名》所本。

299. 郋，xī《广韵》相即切，入职心。职部。①古国名。西周分封的诸侯国。……《正字通·邑部》："郋，汉《地理志》作'息'。孟康曰：'故息国，后徙东，故加新云。'今汝宁府息县即新息地。当作息。"（3788B—3789A/4039B）

按：《汉书·地理志上》汝南郡辖县三十七，有新息县，孟康曰："故息国，其后徙东，故加'新'云。"此《正字通》所本。《正字通》所引"汉地理志"为《汉书·地理志》省称，标点当作《汉·地理志》或《汉（书）·地理志》；《大字典》标作"汉《地理志》"，未妥。

300. 鄢，yān《广韵》於乾切，平仙影。又於幰切，於建切。

1 《续修四库全书》252 册 84 页上。

元部。①古邑名。1. 春秋楚别都，汉惠帝时改为宜城，在今湖北省宜城市。清段玉裁《说文解字注 · 邑部》："鄢，南郡宜城，二志同。前志曰：宜城，故鄢。惠帝三年更名。按：今湖北襄阳府宜城县县西南九里故鄢城，亦谓之宜城，废县是也。"（3791A/4041B）

按：段注"二志同"指《汉书 · 地理志》《后汉书 · 郡国志》相同，"前志"指《汉书 · 地理志》。"二志同"当标作"二《志》同"，"前志"当标作"《前志》"。《汉书 · 地理志上》南郡属县十八，其中有宜城，注云："故鄢。惠帝三年更名。"《后汉书 · 郡国志四》南郡有宜城，侯国。此段玉裁所本。又："今湖北襄阳府宜城县县西南九里故鄢城，亦谓之宜城，废县是也"标点当作"今湖北襄阳府宜城县县西南九里故鄢城（亦谓之宜城废县）是也"。高士奇《春秋地名考略》卷八："鄢，……《汉志》曰："宜城，故鄢，惠帝三年改名。"是也。刘宋筑宜城大堤，改置华山县，而故城遂废。《志》亦谓之宜城废县。"是"故鄢城"又谓"宜城废县"也。

301. 舻，同"炉"。《改并四声篇海 · 身部》引《俗字背篇》："舻，音卢，太上作。张道忠添注释曰：从身从丹。为舻者，声与炉同，理远有异，是太上内五行所说，除入人体[1]为炉也。舻者，鼎也，灶也。"（3809A/4061A）

---

1 除入人体，金刻元修本、成化本、正德本、万历本《篇海》并作"除人身体"。

按："躲"是道家所造"爐"字，见《亳州老君碑》。"从身从丹为躲者"七字当连读，此分析"躲"字之构形。《篇海》卷十二《水部》"俗字背篇"："䆗，音药。太上作。张道忠添注：从自从家从水为~，与药同音，使用有殊。"《大字典》"䆗"字下引《篇海》"从自从家从水为䆗"连读（1781B/1909A），是也。

又："俗字背篇"并非字书，"《改并四声篇海·身部》引《俗字背篇》"当改为"《改并四声篇海·身部》'俗字背篇'"。

302. 聃，同"聃"。……唐佚名《李文墓志》："君讳文字纬，陇西成纪人。周柱史聃之后也。"（3810B/4062B）

按：成纪，县名，《大字典》标专名号，是也。成纪唐代属秦州天水郡，西汉元光以后属天水郡，汉初属陇西郡。《汉书·李广传》："李广，陇西成纪人也。"后世或沿用旧称，《旧唐书·李揆传》："李揆，字端卿，陇西成纪人。"《新唐书·本纪第一》："高祖神尧大圣大光孝皇帝讳渊，字叔德，姓李氏，陇西成纪人也。"明·曹学佺《蜀中广记》卷九十七《李翰林集二十卷（一云草堂集）》："唐宣州当涂令李阳冰《序》云：李白，字太白，陇西成纪人。"《李文墓志》谓李文为陇西成纪人，"陇西"二字当标专名号，《大字典》仅在"陇"下标专名号，非是。

又："聃"为"聃"字异写，老子姓李名耳，字聃，《大字典》于"聃"字下标专名号是也。《史记·老子列传》："老子者，楚苦县厉乡曲仁里人也。姓李氏，名耳，字伯阳，谥曰聃。

周守藏室之史也。”司马贞索隐：“藏室史，乃周藏书室之史也。又《张汤传》老子为柱下史，即藏室之柱下，因以为官名。”《经典释文》卷一：“老子者，姓李，名耳，字伯阳，陈国苦县厉乡人也。生而皓首，为周柱下史。”柱下史为周时官名，或简称“柱史”，《水经注·渭水》：“昔李耳为周柱史，以世衰入戎。”杜牧《送国棋王逢》：“守道还如周柱史，鏖兵不羡霍嫖姚。”《李文墓志》“周柱史”亦即周柱下史，“周”为朝代名，当标专名号，《大字典》将朝代名“周”与官名“柱史”连标为一个专门，则非是。“陇西”标作“陇西”，是专名号前缩；“周柱史”标作“周柱史”，是专名号后延。

303. 䝛，bō《龙龛手鉴·豸部》：“䝛，俗音波。”《字汇补·豸部》：“䝛，邦多切，音波。见《金镜》。”（3910B/4166B）

按：“俗”是《龙龛》说明字际关系的术语，意谓“䝛”是个俗字。《大字典》引《龙龛》“䝛，俗音波”，“俗”字之下当标句号。

304. 金，《说文》：“金，五色金也。黄为之长，久薶不生衣，百炼不轻，从革不违。西方之行，生于土，从土，左右注象金在土中形，今声。”（4167A/4485A）

按：“西方之行”仍属释义[1]，其下逗号当改为句号。

---

1 《大字典》“水”下引《说文》“北方之行”、“木”下引《说文》“东方之行”，“行”下均标句号，是也；“火”下引《说文》“南方之行”标逗号，与说解字形相混，与此同误。

又："生于土，从土"解释字形，因金生于土，故其字从土，"从土"下逗号当改为分号。

又："左右注象金在土中形"解释"金"字所从两点（左右注），"左右注"为被解释对象，其下当标逗号，"象金在土中形"解释"金"字所从两点[1]，其下逗号当改为分号。

305. 貜，同"魖"。《字汇补·豸部》："《山海经》：'禺貜处东海，是惟（为）海神。'杨慎补注：'貜，即魖也。'"按：《说文·夊部》："夔神魖也，如龙，一足，象有角手人面之形。"是则古代传说，夔魖同物。（3917B/4173A）

按："夔神魖也"当标点作"夔，神（小徐本作"即"）魖也"，"夔"为被释字，"神魖也"乃说解文字。又《说文》"夔"在夊部，不在攵部，"夊""攵"音义不同，《说文》各为部首。

306. 誒，同"諛"。《龙龛手鉴·言部》："誒，或作；諛正。"（4241B）

按：《大字典》引《龙龛》"諛"是被释字，字下当标逗号。

307. 誺，（一）chī《广韵》丑知切，平支彻。又丑吏切。之部。①不知。《方言》卷十："誺，不知也。"沅澧之间，凡相问而不知，答曰誺。"（4245A）

按：文渊阁《四库全书》本《方言》卷十："謧，不知也。沅澧之间，凡相问而不知，答曰謧。"戴震云："謧，各本讹

1 《说文》于不成字部件，恒言"象某某之形"。

作誺，今订正。”[1]《大字典》引作“誺”，所据当是误本。“誺，不知也”至“答曰誺”皆为引《方言》语，《大字典》第二版标一个前双引号，标两个后双引号，第一个后双引号当删。《大字典》原版标点不误（3984B）

308. 謍，yī《广韵》乌奚切，平齐影。④同“繄”。卷子本《玉篇·言部》：“謍，今或为繄，字在《糸部》。”（4011B/4275A）

按：“或为某字，在《某部》”是顾野王《玉篇》说明字际关系常见的表达方式，“字”字当属上读。下条引卷子本《玉篇》“今为‘應’字，在《心部》也”，标点不误。

309. 譍，同“應”。卷子本《玉篇·言部》：“譍，《埤苍》：对也。野王案：课[2]语相譍对也。《礼记》：‘无嗷譍’，《论语》：‘子夏之门人洒扫譍对’是也。今为‘應’字，在《心部》也。”（4025B/4290A）

按：卷子本《玉篇》即《玉篇》残卷。《玉篇》残卷“礼记无嗷譍论语子夏之门人洒扫譍对是也”当标作“《礼记》‘无嗷譍’、《论语》‘子夏之门人洒扫譍对’是也”。《礼记》《论语》下冒号皆当删。或标作“《礼记》：‘无嗷譍。’《论语》：

1 《篆隶万象名义·言部》“誺（誺）”字两见，一音丑利反，训不知也；一音力伐（代）反，训误也。前一音义之“誺”当作“[illegible]”，本《方言》；后一音义之“誺”，本《广雅》。

2 课，当作“谓”，形之误也。

‘子夏之门人洒扫麿对。’是也”。为节省篇幅、版面整洁，建议采用前者。《大字典》原版引《论语》“麿对”下有句号，而引《礼记》“无噭麿”末仍标逗号，且置于后单引号之后，同类情况处理不一，亦欠妥。

310. 鸑，同“鸑”《集韵·觉韵》：“鸑，《说文》：‘鸑鷟，凤属，神鸟也。’引《春秋》《国语》‘周之兴也，鸑鷟鸣于岐山。’江中有鸑鷟，似凫而大，赤目。或从隹。”（4111B/4423B）

按：《国语·周语上》：“周之兴也，鸑鷟鸣于岐山。”《春秋国语》乃《国语》异称，不当标为二书。《大字典》“珠”字下、“萉”字下、“犓”字下引《说文》“春秋国语”皆标作“《春秋国语》”，是也。

又：《说文》四篇上《鳥部》：“鸑，鸑鷟，凤属，神鸟也。从鳥，獄声。《春秋国语》曰：周之兴也，鸑鷟鸣于岐山。江中有鸑鷟，似凫而大，赤目。”“江中有鸑鷟，似凫而大，赤目”亦《集韵》引《说文》语，而《大字典》标于引《说文》外，亦欠妥。

311. 隒，yǎn《广韵》鱼检切，上琰疑。谈部。①层叠的山崖。《尔雅·释山》：“重甗隒。”郭璞注：“谓山形如累两甗。甗，甑[1]山，形状似之，因以名云。”（4153A/4468B）

按：“甗”训甑，不训甑山，“甑”下当标句号；“山”下逗号当删，属下读。“山形状似之”即“山形如累两甗”，故

1 文渊阁《四库全书》本有“也”字。

名为重甗。《大字典》“甗”字第二义项引《尔雅》郭璞注：“谓山形如累两甗。甗，甑也。山形状似之，因以名云。”（1434A/1536A）标点不误。

312. 鏉，qiān《〈物理小识〉原注》音悭。（4216B/4540A）

按：“物理小识”为书名，明·方以智撰；“物理小识原注”并非书名。《〈物理小识〉原注》当标作《物理小识》原注。

313. 錡，（二）yǐ《广韵》鱼倚切，上纸疑。又渠绮切。②姓。《通志·氏族略四》：“錡氏，商人之七族。《汉书》：洛阳錡华后有荆州刺史錡嵩。”（4217A/4541A）

按：《汉书》有錡华，无錡嵩，《通志》引《汉书》“錡华”下当标句号。《汉书·艺文志》：“洛阳錡华赋九篇。”颜师古注：“錡，姓；华，名。錡，音鱼绮反。”此“錡华”见于《汉书》者。唐·林宝《元和姓纂》卷六：“錡，《左传》殷人六族，有錡氏。《汉书·艺文志》：洛陽錡华。后汉荆州刺史錡嵩。”宋·王应麟《姓氏急就篇》卷上：“钧铸铁鑽錡鍒殳。”注云：“《汉·艺文志》有錡华，后汉有錡嵩。”《汉书》记事上起汉高祖元年（公元前 206 年），下迄新朝王莽地皇四年（公元 23 年），“錡嵩”为后汉荆州刺史，其生活时代在《汉书》成书之后，故《汉书》无其人。

314. 鋡，（一）xiàn ①连镮。《广韵·感韵》：“鋡，字书云：‘琐连环也。’”（4223A/4547A）

按：“字书”有泛指、特指二义：用作泛指，为字典总称，不应加书名号；用作特指，指某部字典，当加书名号。《隋书·经籍志》著录《字书》两种，一为三卷，一为十卷，撰著人皆不详；《旧唐书·经籍志上》《新唐书·艺文志》止著录十卷本《字书》，撰著人亦不详。三卷本《字书》盖亡于唐，十卷本《字书》盖亡于宋。宋以前注释书、音义书、韵书等援引"字书"释义者，"字书"用特指义，当加书名号。《大字典·言部》"詯"字第三义项下引卷子本《玉篇》"詯，字书：市决后悔也"（3966B/4225B），"字书"亦当加书名号。又《言部》"誄"字下引卷子本《玉篇》"誄，《字书》或救字"（3974A—B/4234B），"字书"加书名号，是也。

315. 鍚，yáng《广韵》与章切，平阳以。阳部。⑦古县名。故城在今陕西省白河县东。《汉书·地理志上》："（汉中郡）县十二：西城……鍚。"颜师古注："即春秋所谓鍚穴。"（4230B/4555B）

按：古代文献"春秋"既为时代名，又为书名。颜师古《汉书·地理志》注出现的"春秋"后接"所谓"，当是指《春秋左氏传》，当标书名号；《大字典》标注专名号，非是。《左传·文公十一年》："潘崇复伐麇，至于鍚穴。"此颜师古所本。陆德明释文："鍚穴，音羊。本或作錫，星历反。"中华书局点校本《汉书》于此"春秋"二字标为书名（1597），是也。

316. 鏒，（一）sǎn《玉篇》思感切。②铁器貌。《五音集韵·感韵》："鏒，铁器之貌。《篇海类编·珍宝类·金部》：

"鏒，铁器貌。"（4580B—4581A）

按：引《五音集韵》有前双引号，无后双引号，后双引号漏标。《大字典》原版不误（4253B）

317. 鐲，yè《集韵》於歇切，入月影。②同"楬"。凡有所表识，揭而竖之。《正字通·金部》："鐲，俗字。凡有所表识，揭而竖之。《周礼》《左传》皆作楬。"（4254A/4582A）

按：《字汇·金部》："鐲，於歇切，音谒。以铁为楬也。楬，所以表识。"（315下）此《正字通》所本。《正字通·金部》："鐲，俗字。凡有所表识，揭而竖之，《周礼》《左传》皆作楬。旧注：以铁为楬。赘作鐲，非；楬音煍，改音谒，尤非。"（644下）此《大字典》所本。《正字通》"凡有所表识，揭而竖之，《周礼》《左传》皆作楬"谓凡是有所表识揭而竖之的字，在《周礼》《左传》当中都写作"楬"，不作"鐲"，故斥《字汇》"鐲"为俗字。"凡有所表识，揭而竖之"语意未完，《大字典》在"竖之"下标句号，非是；又以"凡有所表识，揭而竖之"为释义，尤非。

318. 鐘，《说文》："鐘，乐鐘也。秋分之音，物穜成。从金，童声。古者垂作鐘。銿，鐘或从甬。"（4258B/4586B）

按：《说文》"古者垂作鐘"段注："盖出《世本·作篇》。"段说是也。《礼记·明堂位》："垂之和鐘，叔之离磬，女娲之笙簧。"郑玄注："《世本·作》曰：'垂作鐘，无句作磬，女娲作笙。'""垂"为始作鐘之人，字下当标专名号。汉·应劭《风俗通义·声音》："谨按《世本》：垂作鐘，秋分之音也。”又云：“谨按《世本》：神农作琴。”又云：“谨按《世本》：毋句作磬。”又云：“谨按《世本》：宓羲作瑟，八尺一寸，四十五弦。”“垂”“神农”“毋句”“宓羲”皆古人名，分别为鐘、琴、磬、瑟之创制者。《大字典·石部》“磬”字下引《说文》“古者毋句氏作磬”，“毋句氏”三字标专名号（2451A/2623B），是也。

319. 鏰，mèng《广韵》武亘切，去嶝明。重环。《广雅·释器》：“鋂，鏰，鐶也。”（4266B/4590A）

按：《广雅·释器》：“鏁、鋂、鏰，鐶也。”此《大字典》所本。《广雅》“鏁”“鋂”二字与“鏰”平列，三字皆为被释字，“鐶也”为训释词，“鏁”下、“鋂”下均当标顿号；《大字典》标为逗号，非是。

320. 鎬，xiě《集韵》洗野切，上马心。用模子浇铸金属器。也作“寫”。《集韵·马韵》：“鎬，范金也。”《正字通·金部》：“鎬，俗寫字。范金。古作寫，俗加金。”（4271A/4600A）

按：《正字通》“范金”语意未完，其下句号当改为逗号，其意谓表示范金的字，古只写作“寫”，俗书赘加金旁写作“鎬”。

321. 鑫，（一）xīn《玉篇》许金切。……《正字通·金部》：“鑫，宋子虚名友，五子以鑫、森、淼、焱、垚立名。”（4273A/4601B）

按：明·杨慎《升菴集》卷五十“谢庄名五子”条：“谢庄以風、月、景、山、水名五子：颺（字从風）、朏（字从月）、颢（字从景）、崧（字从山）、瀟（字从水）也。宋子虚名友五子：鑫、森、淼、焱、垚。”此当是《正字通》所本。“宋子虚名友五子鑫、森、淼、焱、垚”句有歧义：1. 宋子虚给朋友的五个儿子起名叫鑫、森、淼、焱、垚；2. 宋子虚字名友，五个儿子叫鑫、森、淼、焱、垚；3. 宋友字子虚，五个儿子叫鑫、森、淼、焱、垚。造成歧义的关键词是“名”。“宋子虚名友五子”中的“名”与“谢庄以風、月、景、山、水名五子”中的“名”用法相同，均可以理解为名词用作动词，介动用法（或称“为动用法”），意为“给……起名字”，此为第一种理解；“名”可以理解为名字当中的一个字，“名友”是名，则“子虚”为表字，此第二种理解；“名”还可以理解为“姓甚名谁”之“名”，意为“名字叫做”，此人名字叫“友”，则“子虚”亦为表字，此为第三种理解。《大字典》在“宋子虚”下、“名友”下分别标专名号，其理解与上述第二种理解相合。明·陈士元《名疑》卷三：“宋子虚以五行名其友五子：鑫、森、淼、焱、垚。”“名其友五子”意为给自己朋友的五个儿子起名，此与第一种理解相合。明·徐应秋《玉芝堂谈荟》卷十四《風月景山水名子》：“有以風、月、景、山、水名子者，谢庄五子颶、朏、颢、崧、瀟[1]也；有以五行名子者，宋子虚五子鑫、森、淼、焱、垚也。”清·阮葵生《茶馀客话》卷十二（清光绪十四年本）：“谢庄以風、

---

1 原字右旁从“蕭”。

月、山、水、景名五子：飅、朏、顯、㟅、灊也；宋子虚名五子：鑫、森、淼、焱、垚。”“以五行名子”“宋子虚名五子”两句中的“名”虽亦为“给……起名”，然起名对象为自己的五个儿子，与《升菴集》所言有异。宋·陈思编、元·陈世隆补《两宋名贤小集》卷三百七十六《翠寒集》：“宋无，字子虚；旧以晞颜字行，名名世，家于晋陵，以兵乱迁吴，冒朱姓。”明·王鏊《（正德）姑苏志》卷五十四[1]：“宋无，字子虚，吴人，生宋景定间。尝习举子业，科举废，遂专工为诗。比对精切，造语新奇，有隐居之趣。所著有《翠寒集》《啽呓集》。尝举茂异，不就。年八十余卒。”明·张昶辑《吴中人物志》卷九[2]：“宋無，字子虚。吴人，生宋景定。弱冠时，废科举，惟诗是习，故其诗造语新奇。所著有《翠寒集》，邓光荐、赵孟頫为序；冯海粟又为摘其警句，评而序之，近千言。尤长咏史，有《啽呓集》，皆梓行。于时尝举茂异，不就，卒年八十一。自为铭志。”据此，则宋子虚即宋无，其人名“无”，字“子虚”，“虚”“无”义相同。宋子虚既不名“友”，又不名“名友”，则“宋子虚名友五子鑫、森、淼、焱、垚”的第二、第三种歧义均可排除；“宋子虚名友五子鑫森淼焱垚”标点当作“宋子虚名友五子：鑫、森、淼、焱、垚”。至于《正字通》“宋子虚名友五子以鑫森淼焱

1 文渊阁四库全书本。

2 明·隆庆张凤翼、张燕翼刻本。

垚立名”，标点则当作：“宋子虚名友五子，以鑫、森、淼、焱、垚立名”。“以……立名”意为用什么字起名，“鑫、森、淼、焱、垚”是起名用到的字，所以不加专名号。《大字典》在“名友”下标专名号、在“友”下标逗号、“五子”后不标逗号，“鑫、森、淼、焱、垚”五字下都加专名号，俱有可商。

322. 靭，同“鞮”。《龙龛手鉴·革部》：“靭，丁奚反。应师作伍，在《咒》中。”（4329B/4615A）

按：“在咒中”谓在某部佛经的真言部分，也就是“靭”是佛经音译用字，“咒”字不应加书名号。《大字典·口部》收“嗲”字，注云：“嗲（一）diè《改并四声篇海》引《类篇》地夜切。咒语用字。《改并四声篇海·口部》引《类篇》：‘嗲，出咒中。’”（612B/660B）“咒”字不加书名号，是也。根据《龙龛》称“靭”字“应师（玄应《一切经音义》）作伍”以及该字“在咒中”，可以推知此字与《大方等大集经》卷二十三“鞕囉拏婆婆（咒语）”之“鞕”为一字之变。《玄应音义》卷一《大方等大集经》卷二十三音义：“伍（伍、低）啰，丁奚反，经文作鞕，非也。”（56 册 820 下）《可洪音义》卷三《大方等大集经》卷二十三音义：“鞕囉，上丁计反，正作鞮（鞮），又丁兮反。应和尚以伍字替之也。又依字丘力反，非呼。”（35 册 706 下）

323. 顺，shùn《广韵》食闰切，去稕船。谆部。⑬姓。《万姓统谱·震韵》：“顺，见《姓苑》。本朝顺宁大宁人，正统间江西乐安县县丞。”（4357B/4644B）

按:《万姓统谱》“本朝顺宁”下当标逗号，“大宁人”以下说明其籍贯及仕宦。

324. 靘,jīng《广韵》子盈切，平清精。〔靘靦〕2. 好貌。《集韵·支韵》:“靦，靘靦，一曰好皃。”方成珪考正:“靘讹靓，据《篇韵》及本书十四清，咨盈切正。”(4377A/4665B)

按: 方成珪考正“据《篇韵》及本书十四清咨盈切正”十三字连读，谓根据《玉篇》《广韵》及本书(《集韵》)、《清韵》咨盈切小韵订正。《大字典》于“十四清”下标逗号，非是。

又:“篇韵”是清人对《玉篇》《广韵》二书的省称，《大字典》标为一书，亦非。

325. 题，(二)dì《广韵》特计切，去霁定。支部。①看；视。《小尔雅·广言》:“题，视也。”《诗·小雅·小宛》:“题彼脊令，载飞载鸣。”毛传:“题，视也。”郑玄笺:“题之为言，视睇也。”②小盆。也作“題”。《后汉书·隗嚣传》“奉盘错鍉”唐李贤注引《方言》:“宋楚之间，谓盎为题。”(4381A/4670B)

按: 第一义项引郑玄笺“题之为言视睇也”七字当连读，“某之为言某”乃古书训诂常见的表达方式，多用来说明本字,《大字典》于“言”下标逗号，非是。

又: 第二义项李贤注引《方言》“宋楚之间谓盎为题”八字亦当连读，“宋楚之间”为主语,《大字典》于“间”下标逗号，亦非。

326. 顡，wài《集韵》五怪切，去怪疑。人名。《集韵·怪韵》："顡，阙。人名。汉有北平康侯顡。"方成珪考正："考《史》、《汉》、《张苍传》蒯[1]无谥。"（4390B/4678B）

按：《史记》卷九十六有《张丞相列传》，《张丞相列传》即《张苍传》；《汉书》卷四十二有《张周赵任申屠传》，其中"张"即张苍。《史记·张丞相列传》："……燕王臧荼反，苍以代相从攻荼，有功，封为北平侯……苍为丞相十五岁而免，孝景前五年苍卒，谥为文侯。子康代侯，八年卒。子類代为侯，八年，坐临诸侯丧后就位不敬，国除。"裴骃集解引徐广曰："〔類〕，一作顡，音聩。"司马贞索隐："《汉书》云：传子至孙毅，有罪，国除。今此文康代八年卒，子類代侯，则毅即類，与《汉书》略同也。"《汉书·张苍传》："……〔张〕苍遂病免。孝景五年薨，谥曰文侯。传国至孙類，有罪，国除。"据《史记》《汉书》：张苍卒，谥为文侯；子张康代侯，八年卒；张康子张類（顡）代为侯，坐不敬，国除。张類（顡）为张康子，张苍孙。张苍有谥号，张康、张類（顡）皆无谥。故方成珪谓张顡《史》《汉》《张苍传》无谥。"《史》《汉》《张苍传》"谓《史记》《汉书》之《张苍传》也，《大字典》标点作"《史》、《汉》、《张苍传》"，则是谓《史记》《汉书》与《张苍传》，非是。又《集韵》谓"汉有北平康侯顡"，是误以张顡（類）父名（康）为谥。

1 蒯，当依《集韵考正》作"顡"。

327. 顟，liào《广韵》力吊切，去啸来。〔顟顟〕也作“顟顤”。头长貌。《玉篇·頁部》：“顟顟，二同。顟顤，头长皃。”（4391A/4680A）

按：《玉篇》“顟”“顟”并列为字头，二字中间当标顿号。

328. 骬，tīng《集韵》汤丁切，平青透。胻骨。今称胫骨。《集韵·青韵》：“骬，腨骨。”清许梿《洗冤录详义》卷一坿《释骨》：“胫端谓之胻亦谓之骬。”（4406B/4695B）

按：“胫端谓之胻”与“亦谓之骬”为并列复句，“之胻”下当标逗号。

329. 髍，（一）mó《广韵》莫婆切，平戈明。偏瘫。即半身不遂。《广韵·戈韵》：“髍，偏病。”清桂馥《说文解字义证·骨部》：“《汉书·叙传》：‘又况幺髍尚不及数子。’晋灼曰：‘此骨偏髍之髍。’钱君大昕曰：‘幺言其小，髍言其病。《童謡》所称，见一蹇人，言欲上天，隗嚣少病蹇。以是刺之也。’”（4417B/4707A）

按：《说文义证》引钱大昕语，见钱氏《廿二史考异·汉书》卷三。《后汉书·五行志一》：“王莽末，天水童谣曰：出吴门，望缇群，见一蹇人，言欲上天。令天可上，地上安得民？”钱大昕“童谣所称见一蹇人言欲上天”标点当作“童谣所称：‘见一蹇人，言欲上天。’”“童谣”谓儿童传唱的歌谣，旧时认为能预示世运或人事[1]，习惯上不加书名号。

1 参见《汉语大词典》“童谣”条。

又:“见一蹇人,言欲上天”为直接引语,八字当标引号,“童谣所称”下当标冒号。

又:钱大昕引童谣至“言欲上天”而止,“天”下当标句号。

又:“隗嚣少病蹇”是原因分句,“以是刺之也”为结果分句,“病蹇”下句号当改为逗号。

330. 𩴾,kuí《字汇补》渠追切。怪名。《字汇补·鬼部》:“𩴾,怪名。明王廷相《阴阳管见辨》:‘山魈,水𩴾之怪,来游人间,皆非所谓神也。’”(4439B/4728B)

按:黄宗羲《明儒学案》卷四十九《阴阳管见辨》:“及夫罔两、罔象、山魈、水⿺鬼夔之怪来游人间,皆非所谓神也。”“⿺鬼夔”“𩴾”传刻之异。“罔两”“罔象”“山魈”“水𩴾”四词并列,作“怪”之定语,其间逗号皆当改为顿号。又:明以前字书不收“𩴾”字,“𩴾”当即“夔”之加旁俗字。说详杨宝忠《疑难字三考》下册“𩴾”字条[1]。

331. 餉,gōu《集韵》居侯切,平侯见。②同“饇”。饱。《正字通·食部》:“餉、𩚩皆饇字。讹省。”(4448A/4737B)

按:《正字通》“餉、𩚩皆饇字讹省”谓“餉”“𩚩”二字都是“饇”的误字,以二字皆比“饇”字笔画简省,故称为“讹省”。“讹”者,讹误也;“省”者,简省也。《大字典》于“字”下标句号,不妥。

---

1 中华书局2018年1月版,664—665页。

332. 飔，“飉”的讹字。《类篇·風部》：“飔，风皃。”《正字通·風部》：“飔，俗字。旧注洪、去声，风貌。非。”按：《集韵·董韵》作“飉”。（4484A/4776B）

按：《字汇·風部》：“飔，胡孔切，洪去声，风貌。”（346下）此《正字通》所本。“洪去声”三字当连读，谓“飔”字读洪的去声，折合成汉语拼音则是读hòng。《大字典》“洪”下顿号当删。

333. 韛，（二）fù《广韵》扶雨切，上麌奉。内裤。……清段玉载《说文解字注·韋部》：“考许书，‘韈，足衣也。’‘绔，胫衣也。’则当别有尻衣，即《史》、《汉》、《万石君传》所谓中裙也。而《广韵·九麌》曰：‘韛，尻衣。’《集韵·九麌》曰：‘韛，帗也。’帗即许之幒字。”（4506A/4799B）

按：段玉裁注所谓《史》《汉》分别为《史记》《汉书》的简称。《史记·万石张叔列传》：“〔石〕建老白首，万石君尚无恙。建为郎中令，每五日洗沐归谒亲，入子舍，窃问侍者，取亲中裙厕牏，身自浣涤。”司马贞索隐：“亲谓父也。中裙，近身衣也。”《汉书·万石卫直周张传》：“建老白首，万石君尚无恙。每五日洗沐归谒亲，入子舍，窃问侍者，取亲中裙厕牏，身自澣洒。”颜师古注：“中裙，若今言中衣也……洒，音先礼反。”此段玉裁“《史》《汉》《万石君传》所谓中裙”之所本。“《史》、《汉》《万石君传》”乃《史记·万石君传》与《汉书·万石君传》之合称，《大字典》原版标点作“《史》、《汉》《万石君传》”（4506A），是也；《大字典》

第二版标点作“《史》、《汉》、《万石君传》”，“《汉》”下顿号当删。

又：“韈，足衣也”“绔，胫衣也”皆段玉裁引《说文》文，“考许书”下逗号当改为冒号，用以提起下文。

334. 驴，同“驢”。《改并四声篇海·馬部》引《俗字背篇》：“驴与驢同。俗用。”（4545A/4837A）

按：金刻元修本《篇海》卷七《馬部》“俗字背篇”：“驴，力居切。与驢同。俗用。”成化本、正德本同。《篇海》“驴”为被释字，其下当标逗号。

又：“俗字背篇”非书名，《大字典》加书名号并用“引”字，亦非。

335. 駓，《说文》：“駓，黄马白毛也。从馬，丕声。”姚文田、严可均校议：“駓，《六书故》第十七引唐本作‘黄毛（马）白杂毛’，此脱杂字。《释畜》毛传皆云‘黄白杂毛’。”（4546A/4838A）

按：“《释畜》”与“毛传”平列，“《释畜》”下当标顿号。《尔雅·释畜》：“黄白杂毛，駓。”《诗·鲁颂·駉》：“薄言駉者，有骓有駓。”毛传：“黄白杂毛曰駓。”此姚文田、严可均所谓“《释畜》《毛传》皆云‘黄白杂毛’”之所本。

336. 駱，（一）luò《广韵》卢各切，入铎来。铎部。①鬃尾黑色的白马。《尔雅·释畜》：“白马黑鬣，駱。”郝懿行义疏：“《释文》引樊孙《尔雅》并作白马黑髦鬣尾也。”（4554B/4848A）

按:《诗·鲁颂·駉》:“薄言駉者,有驒有駱。”毛传:“白馬黑鬣曰駱。”释文:“駱,音洛。樊、孙《尔雅》并作白马黑髦鬣尾也。”此郝懿行义疏所本。“樊孙《尔雅》”谓樊光《尔雅》注本与孙炎《尔雅》注本,故言“并作”,“樊孙”当标为两个专名;《大字典》“樊孙”二字标作一个专名,非是。

337. 駛,shǐ《广韵》踈士切,上止生。又踈吏切。④使者。也作“使”。唐玄应《一切经音义》卷二:“駛,《三苍》:‘古文使字或作駛。’”(4547A/4839A)

按:玄应《一切经音义》卷二:“駛河,《三苍》:古文使字。或作駛,同,山吏反。《苍颉篇》:駛,疾也。字从史。经文从夬作駃,古穴反,駃騠,骏马也,《列女传》曰:‘生三日,超其母也。’駃非字义。夬,音古快反。”(56册844上)此《大字典》所本。《一切经音义》引《三苍》“古文使字”者,谓“駛”为“使”字古文也;或作“駛”者,谓“駛”或作“駛”也。《大字典》“古文使字或作駛”连读,非是。又:“或作駛”之“駛”,高丽藏同(57册611中),《大字典》引作“駛”,亦非是。

338. 鬷,(一)zōng《广韵》子红切,平东精。东部。④姓。《元和姓纂·东韵》:“鬷,古鬷夷氏之后。《左传》:‘郑有鬷蔑,鲁有鬷戾。’”(4589B/4886B)

按:“《左传》:‘郑有鬷蔑,鲁有鬷戾。’”当改为“《左传》郑有鬷蔑、鲁有鬷戾”,谓《左传》记载郑国有鬷蔑、鲁国有鬷戾也。鬷蔑字然明，为郑大夫，见《左传·襄公二十四年》；鬷戾为叔孙氏之司马，鲁国人，见《左传·昭公二十五年》。“郑有鬷蔑、鲁有鬷戾”非《左传》原文，不可标作直接引语，《大字典》所标冒号、引号均当删。

339. 鳩，（三）zhì《集韵》丈尒切，上纸澄。通“豸”（实通“解”）。解决。《集韵·纸韵》：“鳩，解也。《春秋传》：‘庶有鳩乎？’徐邈读通作豸。”（4614/4915B）

按：“徐邈读通作豸”当改为“徐邈读。通作豸”。《集韵》上声《纸韵》：“鳩，解也。《春秋传》：庶有鳩乎？徐邈读。通作豸。”《类篇·鳥部》：“鳩，居尤切，鸟名，《说文》：鹘鸼也。又渠尤切，《尔雅》：中馗，菌也。又丈尒切，解也，《春秋传》：庶有鳩乎？徐邈读。”“徐邈读”者，谓徐邈解释《春秋传》“鳩”字音丈尒切、训解也。“通作豸”者，谓此种用法的“鳩”字文献通常写作“豸”也。唐·陆德明《经典释文》卷十七《春秋左氏音义三》：“鳩乎，徐〔邈〕音豸，直是反，解也。本又作豸，注同。或音居牛反，非也。”此《集韵》“鳩”字丈尒切、训解音义所从出。《大字典》“墠”字注云：（二）chǎn《集韵》齿善切，上狝昌。宽。引《集韵》：“墠，宽也。《老子》：‘墠然而善谋。’河上公读。通作繟。”（487A/523A）“读”下标句号，是也。

340. 䲰，yùn《广韵》王问切，去问云。鸩的别名。又名“同力”、“䲰日”。一说专指雄鸩。……《集韵·焮韵》：“䲰

交、广人谓鸠曰䲹。一曰雄鸠。”（4919B）

按:《集韵》“交”前“䲹”字为被释字，其下当标逗号。《大字典》原版不误。

341. 鶻，（二）hú《〈汉书〉颜师古注》胡骨反。鸟名。隼。《汉书·五行志下》“鲁哀公时，有隼集于陈廷而死”唐颜师古注:“隼，鸷鸟，即今之鶻也。说者以为鹞，失之矣。”（4624A/4927A）

按:“《〈汉书〉颜师古注》”当标作“《汉书》颜师古注”。

342. 鶄，“䲔”的讹字。《龙龛手鉴·鳥部》:“鶄,《经》自切，青構反。在《四阿含纂抄》。”（4956A）

按:张涌泉《汉语俗字丛考》“鶄”字条云:“所谓‘经自切青構反’，是指经本（指《四阿含纂抄》）‘鶄’字原有‘青構反’的切音……根据‘青構反’的读音，‘鶄’当是‘䲔’字俗讹……‘䲔’疑为‘蔟’的俗字。”（1159—1160）张氏谓“经自切青構反”是指经本“鶄”字原有“青構反”的切音，所言是也。“《经》自切青構反”六字当连读,《大字典》于“切”下加逗号，非是。《大字典》引《龙龛》谓“鶄”字在《四阿含纂抄》，续古逸丛书本《龙龛》“纂”作“慕”，“纂”“慕”并“暮”字形误。《可洪音义》卷二十二《四阿含暮抄》上卷:“鶄味，上青搆反，葛也。经文自切。正作鶄（䲔）、鶄（䲔）二形。又疑青字是責搆反（？）,《佛阿毗昙》作粖寀（寐）也。”（35册363上）“鶄”字大正藏《四阿鋡暮抄》作“䲔”，经文自注青搆反。《龙毚》"⿰馬秦"字与《可洪音义》"⿰身秦"字、大正藏"⿰馬奏"字当为一字之变。"⿰馬奏（⿰馬秦、⿰身秦）昧"是梵语音译词，意译则为葛。作为佛经音译词用字，或新造（切身字、口边字），或借用。从字形来看，"⿰身秦""⿰馬秦""⿰馬奏"皆不类新造字，张涌泉谓"⿰馬秦"当是"⿰馬奏"字俗讹，"⿰馬奏"为"⿱艹秩"的俗字，其说恐不足信。可洪据经文自切（青搆反）谓"⿰身秦"正作轃（輳）、⿰麦秦（⿰麥奏）二形，此可备一说，然亦难成定论。

343. 鵌，tú《集韵》同都切，平模定。鱼部。③与鵸。传说中的怪鸟。《尔雅·释鸟》："鵌鵸，鵌。"郭璞注："未详。"郝懿行义疏："《释文》鵌，樊孙本作鸒，《玉篇》云：'鸒鵸，鵌。'又云'鵌，鵌鳩也。鳩鵌，鸟喙蛇尾也。'《广雅》云：'鵸雀，怪鸟属也。'"（4649B/4957A）

按：郝懿行引《释文》"鵌，樊、孙本作鸒"，"樊"指樊光，"孙"指孙炎，专名号当标作"樊孙"，《大字典》标作"樊孙"，是以二人为一人矣。

344. 點，（四）duò《集韵》丁贺切，去箇端。草叶败坏……《齐民要术·种麻》："……有點丁破反叶夭折之患。"（4747A/5062A）

按："有點叶夭折之患"为《齐民要术》正文，"丁破反"乃"點"字注音，为《集韵》"點"读丁贺切之所本，当标圆括号。今注音混入正文，文意费解。

345. 黖，同"黰"。《说文·黑部》："黰，黖谓之垽，垽，滓也。从黑，殿省声。"（4752A/5067A）

按：《说文》“䵒谓之涎”为引《尔雅》文释“䵒”字[1]，文意已足，其下当标句号。《大字典》“䵒”字下两引《说文》，均标点作“䵒，䵒谓之涎。涎，滓也”（4753B/5069A），标点不误。

346. 黎，（二）lí同“黎”。宋赵彦卫《云麓漫钞》卷三：“亲轫远黎，史作亲巡远方黎民。”（补遗44B/5075B）

按：“史”为《史记》省称，当标书名号。“亲巡远方黎民”见《史记·秦始皇本纪》。又：《集韵》平声《魂韵》他昆切：“涒，《说文》：‘食已而复吐之。’引《尔雅》‘太岁在申曰涒滩’。《史》作汭[2]。”《大字典》“汭”字下引《集韵》“史”字亦漏标书名号（1566A/1678B）。

347. 䵋，dǒng《广韵》多动切，上董端。〔拢䵋〕不上之意。《广韵·董韵》：“䵋，拢䵋，不上。”《字汇·黍部》：“䵋，拢䵋，不上之意。”按：《中华大字典·黍部》：“䵋，按《埤苍》：蹱踵，行不进貌；《苏鹗演义》：龍鍾，谓不昌炽、不翘举之貌：皆与襱（拢）、䵋音义相近。又作陇种、笼东、儱倲、儱偅，皆随音以变字形，义均合。”（4761A/5076B）

按：“蹱踵”“龍鍾”“拢䵋”皆为叠韵连绵词，音义相近，

1 今本《尔雅·释器》作“澱谓之垽”。

2 《史记·历书》：“横艾涒灘始元元年正西。”集解：“涒灘，一作芮漢。”“芮”字《集韵》引作“汭”者，又涉与“漢”字连用而变从水。

《中华大字典》“襱（拢）䆍”二字当连读,《大字典》于“襱（拢）”下标顿号，则是“蹦踵”“龍鍾”既与“襱（拢）”字音义相近，又与“䆍”字音义相近，甚乖《中华大字典》本意。

348. 齴,pián《集韵》蒲眠切，平先並。并齿；重牙。……〔《初学记》〕又引《春秋元命苞》曰:“武王齴齿，是为刚强。宋均注曰:重齿以为表。”（5110A）

按:“宋均注曰……”乃注文，非《春秋元命苞》正文，当在引号外。原版作:又引《春秋元命苞》曰:“武王齴齿，是为刚强。”宋均注:“重齿以为表。”（4794A）标点不误。

349. 䶬，jiān《广韵》古贤切，平先见。又鱼列切。元部。龙（背）脊上的耆。《说文·龍部》:“䶬，龙耆脊上䶬䶬。”段玉裁注:“耆耆，老也。老则脊隆，故凡脊曰耆。或作鬐，因马鬣为此字也。龙，鱼之脊上出者如马鬣然……浑言之，耆即脊；析言耆在脊上。”（4805A/5122A）

按:此字《大字典》原版作“䶬”，第二版改从新字形作“䶬”。段玉裁《说文》注“龙鱼之脊上出者如马鬣然”标点当作“龙、鱼之脊上出者如马鬣然”，“龙”“鱼”二字平列，谓龙之脊上出者如马鬣然、鱼之脊上出者如马鬣然也。《大字典》“龙”下标逗号，非是。

350. 鼅，yāng《集韵》於良切，平阳影。龟类。《玉篇·黽部》:“鼅，临海水吐气:觜似鹅，指爪。”（4810B/5127A）

按:“觜似鹅指爪”五字当连读，谓鼅嘴如鹅的指爪（掌）。《大字典》于“鹅”下标逗号，致使“似鹅”状鼅嘴形状不明，且令“指爪”二字无属。《文选·郭璞〈江赋〉》：“尔其水物怪错，则有潜鹄鱼牛，虎蛟钩虵，蜦螭鲎蝞，鲼鼄鼊鼅。”李善注引《临海水土物志》曰：“初宁县多鼄龟，形薄，头喙似鹅指爪。”以形音义求之，《玉篇》“鼄”当是“鼄”之表意部件替换字，注文“临海水吐气”则是“《临海水土物志》”之转写失误[1]。

又：《大字典》原版“临海水吐气”末标逗号，语义费解；第二版改标冒号，“临海水吐气”又不出校：皆有未妥。

1 参见胡吉宣《玉篇校释》5071 页。

附录一

《说文解字注》句读识误

上海古籍出版社据经韵楼藏版缩印的《说文解字注》（1981 年出版）是近 20 年来出版的该书几种影印本中发行数量最多、出版质量较好的一种。此影印本在出版时对全书做了圈点断句，对于读者来说，尤其是对于初学者来说，这项工作是十分必要的。但令人遗憾的是，此书断句多有失当之处，这无疑给读者带来了不必要的麻烦。笔者案边有此书，暇时读之，遇断句失当处，辄附记书旁，积数年时日，得此书断句失误凡数十条。1988 年出版者对书中圈点失误做了纠正，出了第 2 版，但第 2 版中仍存在不少圈点问题。今录于下，略作说明。

1. 玉　象三玉之连。丨其贯也。（第 10 页。句读为上海古籍社所加。下同。）

许书通例，构形部件成字者，必曰从某（见《说文 · 五篇下》“亼”字下段注）；其不成字者，说解体例有四：举其部件，说明所象者，一也。《说文 · 七篇下》：“巾，从冂；丨、象系也”。巾字垂笔非“上下通”之“丨”字，不成字，故不言从。“丨”，举其部件；“象系也”，说明所象。此其例。

省其部件，说明所象者，二也。《说文·五篇上》：“乎，从兮；象声上越扬之形也。”“象声上越扬之形也”，说明所象；首笔“丿”不成字，省而不出。以方位词代指部件，说明所象者，三也。《七篇下》：耑，上象生形，下象根也。“山”“而”皆不成字，分别以方位词“上”“下”代之，而后说明所象。描写部件，说明所象者，四也。《一篇上》：“示，从二；三垂，日月星也。”“示”字下部不成字，用“三垂”描写之，而后说明所象。玉字下说解“丨其贯也”中，“丨”为举其部件，“其贯也”说明所象，“丨”下当逗。

2. 屮　木初生也。象丨出形有枝茎也。（第 21 页下）

许书于象形字说解，有但言“象形”者，有指明象形，仍嫌人不解笔意，乃进而释之者。如：《四篇上》：“目，象形，重童子也。”段注：“象形，总言之；嫌人不解二，故释之曰：重其童子也。”“屮”字下说解“象丨出形”乃总言之，嫌人不解其笔意，故进而释之曰“有枝茎也”。“茎”谓屮字中间垂笔，“枝”谓两旁曲笔。“象丨出形”，当句。

3. 每　艸盛上出也。注　按每是艸盛。引申为凡盛。如品庶每生。贪也每怀。怀、私也。皆盛意。（第 21 页下）

段注引用他书词语，有交待出处者；也有但用其词语、不交待出处者。上海古籍社句读此书，凡遇前者，很少失误；于后者句读，则多有不当。上引注文“品庶每生”，出贾谊《鹏鸟赋》。《史记·屈原贾生列传》《汉书·贾谊传》《文选》卷十三均载其文。“贪也”二字乃孟康对“品庶每生”中“每”

字的训释，见颜师古《汉书注》、李善《文选注》、司马贞《史记索隐》。“每怀”二字，出《诗经·小雅·皇皇者华》：“駪駪征夫，每怀靡及。”“每怀”训怀私，见《国语》。郑玄《诗》笺引《春秋外传》曰：“怀私为每怀也。”《国语·鲁语下》：“臣（叔孙穆子）闻之曰：怀和为每怀。”韦昭注：“郑后司农云：和当为私。”段注中“每怀、怀私也”即暗用《国语》。“每”下注文句读应为“品庶每生”，逗；“贪也”，句；“每怀”，逗，“怀私”连读。

4. 蒯　艸也。从艸㪰聲。注　按㪰字今不可得其左旁所从何等、字之本訓何属。但其古音在十部甚明。说文聵蒯皆以为声。而聵字亦作聩蒯字。逸诗与萃匱为韵。皆在十五部也。（第30页上）

“聵”字亦作“聩”，不作“蒯”。《说文》正篆作“聩”，或体作“聵”，经传习用聩字。逸诗与“萃”、“匱”为韵者是“蒯”字，不是“聩”字。所谓逸诗，见《左传》。《成公九年》引《诗》曰：“虽有丝麻，无弃菅蒯。（《玉篇·艸部》引作蒯）。虽有姬姜，无弃蕉萃。凡百君子，莫不代匱。”杜注：“逸诗也。”此诗“蒯（蒯）”、“萃”、“匱”为韵，与“聩”、“聵”字无关。上引注文句读应为“而聵字亦作聩”句；“蒯字”逗，属下为意。若依原句读，则“聵”字异体为聩、为蒯；“聵”字又与萃、匱为韵，显然有误。

5. 藩　屏也。注　屏蔽也。（第43页上）

段氏注《说文》，于《说文》说解用字当注者，常以《说文》训释注之，所谓以许注许也。如《二篇下》“趴，趣越皃。”段注：“趣、疾也。”又“踰，越也。”段注：“越、度也。”趣训疾，越训度，均本《说文》。上引“藩”字下注文仍属以许注许之例。《八篇上》：“屏、蔽也。”（今《说文》蔽字之上复出屏字，段氏以为“此复举字之未删者”）此为注文所本。注文“屏蔽也”屏下当逗。

6. 十四部　文六百七十二　重八十　凡万六百三十九字

注　此第一篇部文、重文、解说字之都数也，每篇末识之，以得十四篇数，识于叙目之后云。此十四篇、五百四十部、九千三百五十三文、重一千一百六十三、解说凡十三万三千四百四十一字是也。

注文中“此第一篇部文”“部”下当逗。“部”指“十四部”，“文”指“文六百七十二”。又“解说字之都数也”当句。

7. 牵　从牛、冖象引牛之縻也。玄声。（第52页上）

“冖象引牛之縻也”属举其部件，说明所象之例（见第一条），“冖”下当逗。上“从牛”二字句。

8. 氂　犛牛尾也。注　凡经云干旄、建旄、设旄、右秉白旄、羽旄齿革干戚羽旄、今字或有误作毛者。古注皆云旄牛尾也。（第53页下）

“右秉白旄”，见《尚书·牧誓》；“羽旄齿革”见《左传·僖公二十三年》；“干戚羽旄”见《礼记·乐记》。注文“羽旄齿革”当逗。“干戚羽旄”下逗似应作句。

9. 返　还也。从辵反。注　反覆也。覆復同。（第72

页上）

《三篇下》:“反，覆也。”上引注文“反覆也”亦属以许注许之例，“反”字当逗。

10. 达　行不相遇也。注　此与水部滑、泰字音义皆同。读如挞。（第 73 页下）

古人注书，单举某字音义有歧者，则于该字前、后附加一义同、义近之字以限定之。即以《说文解字注》为例，《十二篇下》:“弗，矫也。”段注:“今人矫弗字皆作拂。”谓矫弗之弗皆作拂也。弗,《说文》训矫，古书多用作否定副词，单举弗字，义嫌有歧，故加矫字以限定之，明非用作否定副词之弗也。又如《十三篇下》:“墺，种也。”段注:“广雅曰：稷，種也。即墺种字之异体也。”谓“稷”即“墺”之异体也。又“龟，旧也。”段注:“旧本鸱旧字，假借为故旧字。”谓旧本鸱旧之旧，假借为故旧之旧也。上引注文“此与水部滑、泰字音义皆同”谓“达”字与《水部》训滑之泰音义皆同。“滑泰”二字当连读。

11. 猗　虎牙也。注　可部曰。奇、异也。一曰不耦笑而露其齿独好。故曰奇牙。（第 80—81 页）

“一曰不耦”当句。“笑而露其齿”亦当句。

12. 跖　足下也。注　贾谊传曰。病非徒瘇也。又苦蹠盭。蹠，跖字之异者也。足跖、反戾不可行。（第 81 页上）

“足跖反戾”，“蹠盭”之注解，犹今言脚掌上翻。四字当连读，“戾”下应逗。《汉书·贾谊传》师古注:“蹠，古蹠字也，音之石反。足下曰蹠，今所呼脚掌是也。盭，古戾字，言足蹠反戾，不可行也。”段注本此。中华书局《汉书》标点不误。

13. 谓　报也。注　如论语谓韶、谓武子、谓子贱子、谓仲弓、其斯之谓与、大学此谓身不脩不可以齐其家是也。（第 89 页下）

注文所引《论语》，“谓韶”、“谓武”均见《八佾篇》；“子谓子贱”，见《公冶长篇》；“子谓仲弓”，见《雍也篇》；“其斯之谓与”见《学而篇》，又见《季氏篇》。句读当如下：如论语谓韶、谓武、子谓子贱、子谓仲弓、其斯之谓与。

14. 變　樊也。注　此与手部攀音义皆同。玉篇云。攀、變也。（第 105 页上）

《玉篇》“攀”字训“援引也”。“變”字训“攀變也”。此引《玉篇》以证“變”字之义，“攀變也”当连读。段氏注《说文》，引他书说解以证某字之义，有复举某字者，亦有省某字者。如《二篇下》“邎，行邎径也。”段注：“玉篇：邎、疾行也。”《十二篇上》：“搈，动搈也。”段注：“广雅曰：搈，动也。”此复举被释字者。《二篇上》：“趉，走也。”段注：“玉篇曰：卒起走也。”《十三篇下》：“埵，坚土也。”段注：“玉篇云：确也。”此省被释字者。上引“變”字下段注引《玉篇》，亦属省被释字之例也。

15. 鞈　防汗也。注　篇、韵皆曰防捍。是相传古本捍亦作扞。故讹汗。（第 110 页上）

“是相传古本”当句。

16. 鬻　鬻也。注　浅人谓即饘字不分。故同切诸延耳。（第112页上）

“浅人谓即饘字”当句。谓浅人以为鬻即饘字也。“不分”谓鬻、饘不分也。

17. 爽　目衺也。从朋。从大。大人也。（第136页上）

许书说解字形，既说从某而意恐不晓，乃复释从某之义。如《四篇下》：“弃，捐也。从収推華弃之，从㐬。㐬，逆子也。”《五篇下》：“鬯，以秬酿郁草，芬芳攸服以降神也。从凵，凵、器也。中象米，匕所以扱之。”又：“會，合也。从亼、曾省。曾、益也。”《八篇下》：“尺，十寸也。……从尸、从乙。乙、所识也。”皆其例。上引“爽”字说解，既说从朋、从大矣，仍恐人不晓从大之意，故进而释之曰：大、人也。“大”字下当逗。

18. 巂　巂周、燕也。从隹、屮象其冠也。㕯声。（第141页上、下）

“屮（非山水字）”不成字，说解属举其部件，说明所象之例，“从隹”当句，“屮”下当逗。（参见第一条）

19. 巂　巂周、燕也。一曰蜀王望帝淫其相妻。慙亡去。为子巂鸟。故蜀人闻子巂鸣。皆起曰是望帝也。（第141页上、下）

“皆起曰”当句。

20. 骬　骨擿之可会髮者。注　或曰擽鬓以事名之也。

（第 167 页上）

“或曰擛鬊”当句。导（栉之一种）又名擛鬊，以其用为“导擛鬊髪（见《释名·释首饰》）”，故名。

21. 膿　益州鄙言人盛讳其肥谓之膿。注　梁益之间凡人言盛及其所爱讳其肥腻谓之壤。（第 171 页上）

正文“益州鄙言人盛”当逗。注文“梁益之间凡人言盛及其所爱”亦当逗。

22. 曰　词也。从口乚。象口气出也。（第 202 页下）

“从口”，句；“乚”，逗。“乚”不成字，故说明其所象也。（见第一条）

23. 兮　语所稽也。从丂八。象气越亏也。（第 204 页下）

“从丂”，句；“八”，逗。“八”非七八字，但象声气上出也。此亦属举其部件，说明所象之例也。

24. 鼜　夜戒守鼓也。从壴。注　从壴、者鼓之省。（第 205 下）

注文当读作“从壴者，鼓之省。”

25. 血　祭所荐牲血也。从皿、一象血形。（第 213 页下）

“从皿”，句；“一”，逗。“一”非一二字，不成字，但象血形。

26. 今　是时也。注　作古今人表者所以补汉书之所无。存汉以前之厓。略也。（第 223 页上）

“作古今人表者”当逗。“存汉以前之厓略也”当连读。“厓略”一詞，古书习见，犹言梗概、大略也。龚自珍《六经证明答问四》:“《曾子》十八篇亡，厓略稍稍见。”字或作“崖略”,《庄子·知北游》:“夫道窅然难言哉，将为汝言其崖略。”皆“厓（崖）略”连言之证。

27. 倉　谷藏也。从食省。口象仓形。（第 223 页下）

“口”非回口之口，不成字，但象仓形。“口”下当逗。此亦举其部件，说明所象之例。

28. 韋　相背也。兽皮之韦。可以束物枉戾相韦背。（第 234 页下）

“兽皮之韦”逗,“可以束物”句。

29. 棪　速其也。注　南山经传曰。棪别名速。其子似柰而赤。可食。（第 241 页下）

“棪”《说文》训“速其”,《尔雅·释木》:“棪，槤其。”注文“其”字当属上读。

30. 櫌　摩田器也。注　如淳云。椎、塊椎也。（第 259 页下）

“椎塊椎”当连读，谓椎击土块之椎也。被释字“櫌”承上省略。《汉书·陈胜项籍传》:“鉏耰棘矜，不敌于钩戟长鎩。”师古注引晋灼曰:“耰，椎塊椎也。”《淮南子·氾论篇》:“后世为之耒耜耰鉏。”高诱注:“耰，读曰优，椓块椎也。”“椎塊”、“椓块”皆谓击块也。《汉书》点校本晋灼注标点为“耰椎，塊椎也。”亦误。

31. 朩　分枲茎皮。从屮。八象枲皮。（第 335 页下）

“八”非七八字，但象枲皮之形。此属举其部件，说明所象之例。“八”下当逗。

32. 糲 粸而厌也。注 铉本作未厌。误甚。胡身之通鉴释文辨误引作米厌。米即粸之讹。盖古本作粸。而粸厌一讹作米。再讹作未。要不若小徐本为长。（第 347 页下）

“盖古本作粸而粸厌”当连读，谓“粸”下说解“粸而厌”古本盖作“粸而粸厌”也。“一讹作米”谓说解中“粸”字一误而为米也。

33. 假 非真也。注 又那传、烈祖传假、大也。此与宾筵、卷阿传之嘏、大也。同谓假为嘏之假借字也。（第 374 页上、下）

“同”字当属上读。“此与宾筵、卷阿传之嘏、大也同”，谓《那》传、《烈祖》传训假为大，与《宾筵》《卷阿》传训嘏为大相同也。后“仪”字下段注：“《文王》传曰：义，善也。此与《释诂》及《我将》传仪、善也正同，谓此义为仪之假借字也。”文例与“假”字注相同。

34. 卓 高也。早匕为卓。匕卪为卬。皆同意。注 此与凡云某与某同、意同也。（第 385 页下）

“此与凡云某与某同意同也”十一字为句。“某与某同意”乃《说文》说解字形用语。《三篇下》：“爾，从冂㸚。㸚、其孔㸚㸚。此与爽同意。（此亦段注本）”《七篇下》：“韭，象形。在一之上，一、地也。此与耑同意。”某与某同意者，谓两字、多字共从同一偏旁，所以从某一偏旁之用意相同也。

35. 袍 襺也。注 释名曰。袍、丈夫箸。下至跗者也。

袍、苞也。苞、内衣也。（第 391 页上）

“苞”无“内衣”之训，“苞内衣也”当连读，以其包裹内衣，故谓之袍。《释名·释宫室》：“仓，藏也，藏谷物也。”与“袍”字训释文例相同。

36. 衧　诸衧也。注　按当云诸衧衣袌也。（第 393 页下）

“衧”单字不成词，合“诸”字为一物，其义为“衣袌也”。“诸衧”当逗。

37. 耄　年九十曰耄。注　曲礼。八十九十曰耄。注云。耄惛忘。（第 398 页上）

“耄惛忘”，“耄”下当逗。郑玄训“耄”为“惛忘也”。

38. 居　蹲也。注　许凥下云处也。正本毛传引伸之为凡凥处字也。（第 399 页下）

“正本毛传”当句。

39. 皃　颂仪也。从儿。白象面形。（第 406 页下）

“白”非黑白字，乃象人面形。“白”下当逗。

40. 覲　诸侯秋朝曰覲。勤劳王事也。注　勤也二字旧夺。今补。（第 409 页下）

“勤也”中间当逗。

41. 钦　幸也。注　觊下曰。钦、幸也。钦与觊音义皆同。（第 411 页上）

《八篇上》“觊，钦幸也”，“钦幸也”三字为句。“钦”下不应逗。

42. 鬼　人所归为鬼。从儿。由象鬼头。（第 434 页下）

“甶”不成字，但象鬼头之形。“甶”下当逗。此亦举其部件，说明所象之例。

43. 石　山石也。在厂之下。囗象形。（第 448 页下）

“囗”既非回囗字，亦非口齿字，但象石形也。“囗”下当逗。

44. 砮　砮石可以为矢镞。（第 449 页上）

许书之例，有释义之后加述用途者。如《一篇下》：“蒻，蒲子。可以为席。”“蘢，靬蘢。可以作縻绠。”“葰，姜属。可以香口。”“蔞，艸也。可以亨鱼”。“砮”字下说解亦属此例，“砮石”当句。

45. 犬　狗之有县蹄者也。注　有县蹄谓之犬。叩气吠谓之狗。皆于音得义。此与后蹄废谓之彘。三毛聚谓之猪。竭尾谓之豕。同明一物异名之所由也。（第 473 页上）

“此与后蹄废谓之彘、三毛聚谓之猪、竭尾谓之豕同”当做一句读。谓“犬”字、“狗”字下说解与“彘”字、“猪”字、“豕”字下说解用意相同，皆明一物异名之所由也。“彘”下、“猪”下句当改作逗，“豕”下句当改标于“同”字下。

46. 悃　悃愊、至诚也。从心。困省。注　困一本作困、篆作悃。非也。古困声在真文韵。音变遂入魂韵。非困声在真文。困声在魂。各有畛域。（第 503 页下）

“非”一字句。谓“悃”本在真文韵，音变为魂韵，非也。

47. 忱　诚也。注　言部谌下曰。诚、谛也。（第505页上）

《三篇上》：“谌，诚谛也。”段氏引此，“诚谛也”中间不当有逗。

48. 浅　浅水。注　而浅字则厕于部末孙强、陈彭年杂收字中。（第 518 页上下）

“末”字下当句。

49. 霝　雨零也。从雨㗊。象零形。（第 572 页下）

“从雨”句，“㗊”逗。“㗊”不成字，但象落雨之形也。

50. 雲　山川气也。从雨。云象回转之形。（第 575 页上）

“云”下当逗。

51. 垔　姓也。注　其他继别为氏。或以字、或以官或以邑。（第 585 页下）

“或以官”，逗。

52. 揰　拜举首下手也。注　程氏瑶田曰。言举首者、以别于稽首顿首空首三拜皆必下其首也。（第 594 页下）

“以别于稽首顿首空首”，句。

53. 擩　染也。注　后人乃或淆乱其偏旁本从耎者讹而为需。（第 604 页上）

“后人乃或淆乱其偏旁”，句。

54. 始　女之初也。注　有假殆为始者。七月毛传云殆始也是也。（第 617 页下）

“殆始也”，依例“殆”下当逗。

55. 弗　矫也。注　今人矫、弗皆作拂。（第 627 页下）

“今人矫弗皆作拂”七字为句，谓今人今人矫弗之弗皆作拂也。

56. 巘　甗也。注　尔雅。小山别。大山曰鲜。（第 638 页下）

《尔雅·释山》："小山别大山鲜。"谓小山别大山曰鲜。"别"孙炎、郭璞皆训"不相连"。与小山不相连之大山名曰鲜。"别"非小山之名，"鲜"亦非泛指大山也。"小山别大山鲜"与《释山》"大山宫小山霍"文例相同。"大山宫小山霍"谓大山环绕之小山曰霍也。上引注文"小山别大山鲜"当连读。

57. 铦　臿属。注　孟子。以言铦之。以不言铦之。今本误作餂。（第 706 页下）

注文"子"下不当句，"以言铦之"当作逗。所引《孟子》见《尽心下》："士未可以言而言，是以言餂之也；可以言而不言，是以不言餂之也。"

58. 斨　方銎。斧也。（第 716 页下）

"方銎斧也"当连读，谓斧之方銎者名曰斨也。斨、斧同义，其别在銎之方椭。

59. 兽　守备者也。注　许于鸟字下曰。长尾、禽总名也。（第 740 页上）

《四篇上》："鸟，长尾禽总名也。""长尾禽总名也"六字为句，谓禽之长尾者总名之曰鸟也。《四篇上》："隹，鸟之短尾总名也。"长尾者名鸟，别于短尾者曰隹。上引注文"尾"下不当逗。

60. 其说字之声。曰乌盱、呼也。取其助气。故以为乌呼。

（第 789 页下）

《四篇上》:“乌，孝鸟也。孔子曰：乌，盱呼也。取其助气，故以为乌呼。”段注“盱”改作“于”，云：“于，於也。象气之舒。于呼者，谓此鸟善舒气自叫。故谓之乌。”上引卢《序》:“曰乌盱、呼也。”当读作“乌、盱呼也。”

附录二

《十驾斋养新录》标点志误

清代学者钱大昕《十驾斋养新录》以考校详实而为学术界所重，但该书的整理出版工作远远不能满足读者的需要。据笔者所见，该书标点本仅有商务印书馆 1937 年版一种。此版采用旧式标点，于断句处标实心圆点，语意未完者则标以顿号。1983 年上海书店据商务版影印，标点一仍其旧。商务标点此书并予以出版，无疑给读者提供了较大的方便，但由于该书标点方面的疏漏，给读者也带来了不必要的麻烦。本文作者在阅读该书时，发现书中标点错误二十余条，今从中选取因标点错误致使语意不可通者数条，录之于下，以为阅读、校理此书者参考。

一、周礼校人注．校之为言校也．主马者必仍校视之．释文．校户教反．字从木．若从手旁．作是比校之字耳．今人多乱之．（商务标点如此。见上海书店影印本卷 3，62 页，下但出卷数、页数）

“若从手旁．作是比较之字耳”语意难通。此句“作”字应属上读，标作“若从手旁作．是比挍之字耳”。“从某旁作”为指出异体时经常使用的术语，如“歌”字异体或作

“謌”，指出“歌”字异体时，便可以说“此字或从言旁作”。《诗经·卫风·芄兰》：“童子佩觿。”《释文》：“佩，蒲对反。依字从人，或玉旁作者，非。”其中“或玉旁作”即“或从玉旁作”，承前省“从”字。“或（从）玉旁作”意思是说“佩”字或体从玉旁写作“珮”。同样，“若从手旁作.是比挍之字耳”，意思是说“‘校’若从手旁写作‘挍’，则是比挍的‘挍’字”。在陆德明看来，《周礼·校人》中的“校”字是校视的意思，读户教切；如果写作“挍”，则是比挍的意思，读古孝切，校与挍意义不同，读音有别，非一字，故有“若从手旁作，是比挍之字耳”之语。标点者不明“或从某旁作”为指明或体的术语，因误将“作”字属下读，致使语意难通。

二、挚.执声.而读若晋.楥.爰声.而读若指.扐.楷省声.而读若骊驾.（卷 4，65 页）

钱大昕根据《说文》“读若”揭示古音相转之例。《说文》“读若某”，“某”或为单字，或为常语，如《口部》：“哙，或读若快”，“唬，读若稾”，此取单字者；“唉，读若尘埃”，“唪，读若《诗》曰‘瓜瓞菶菶’”，“哽，读若井汲绠”，“台，读若沇州之‘沇’”，此取常语者。取单字者，不言而喻；取常语者，意谓某字与常语之中的某一个字读音相同，或相近。如上举“唉，读若尘埃”意谓“唉”字读若尘埃之‘埃’，“唪，读若《诗》曰‘瓜瓞菶菶’”意谓“唪”字读若《诗经》“瓜瓞菶菶”之“菶”。钱大昕所引《说文》：“挚，执声”而“读若晋”，见《说文·手部》，是取单字注音。“楥，爰声”而

"读若指㧑"、"椸，省声"而"读若骊驾"俱见《说文·木部》，皆取常语注音。"椄，读若指㧑"意谓"椄"读若指㧑之"㧑"，段玉裁注："㧑，古音在十七部（歌部），此合韵也。""椸，读若骊驾"谓"椸"读若骊驾之"骊"，段玉裁注："椸读若骊驾之'骊'，此清、支二部合韵也。"依据《说文》，此段文字应标点作"挚．执声．而读若晋．椄．爰声．而读若指㧑．椸．省声．而读若骊驾．"标点本于"指"字下断句，"椸"字下不断，文意变成"椄"读若指，"㧑"读若骊，此不仅乖于音理，且与《说文》不合。这种错误，是由于标点者惑于读若条例，又没有查阅《说文》而导致的。

三、古读佛如弼．亦如勃．诗．佛时仔肩．释文．佛毛．符弗反．大也．郑音弼．辅也．（卷 5，103 页）

"佛时仔肩"见《诗经·周颂·敬之》，毛传："佛，大也。"郑笺："佛，辅也。"陆德明认为毛亨训"佛"为大，"佛"字应读符弗反；郑玄训"佛"为辅，应读弼音，故于《释文》有"佛毛符弗反，郑音弼"之语，其中毛、郑分指毛亨、郑玄。《诗经·周颂·武》："耆定尔功。"《释文》："耆，毛音指，致也；郑巨移反……恶也。"根据毛亨、郑玄对于"耆"字训解的不同，指出毛亨训"耆"为致，当读指音；郑玄训"耆"为恶，当音巨移反。此正与"佛时仔肩"《释文》对"佛"字的注音同例。"佛毛符弗反"应标作"佛．毛符弗反．"标点本于"毛"下断句，"佛毛"连读，非是。

四、青州篇．分城阳之黔陬．壮武．淳于．昌安．高密．平

昌.营陵.安邱.大剧.临朐十一县.为高密国.大亦县名.即东莞之广县也.（卷6，132页）

依上文标点，仅得十县，与十一之数不合，文中明言“大亦县名，即东莞之广县”，“大”下应断，大、剧二县名。中华书局标点本《晋书·地理志》标点此段为：“又分城阳之黔陬、壮武、淳于、昌安、高密、平昌、营陵、安邱、大、剧、临朐十一县为高密国。”断句甚是，当从。

五、地理志青州无北海郡.而有济南郡.统县五平寿.下密.胶东.即墨.祝阿.（卷6，134页）

《晋书·地理志》：“济南郡”原注谓：“汉置。统县五，户五千。”五县分别是平寿、下密、胶东、即墨、祝阿。据此，“统县五平寿”当断为“统县五.平寿”，商务标点本连读，非是。

六、倪志之重出者.如滕宾万邦一览集.见史抄类.又见地理类……李延兴.字继本.亦分为二人.吕诚一、名肃.亦误分为二.（卷14，348页）

“吕诚一、名肃”当标作“吕诚、一名肃”。吕诚，字敬夫，改名为肃，元昆山（今属江苏省）人。《四库全书总目·集部·别集类》著录《来鹤亭诗》八卷、《补遗》一卷。云：“元吕诚撰。诚字敬夫，昆山人。工于吟咏，诗格清丽。与同里郭翼、陆仁、袁华相唱和。尝于园林蓄一鹤，后有鹤自来为伍，因筑来鹤亭，并以名其诗集。”顾嗣立《元诗选》（秀野草堂藏本）云：“吕处士诚。诚字敬夫，后名肃，昆山之东沧也，今隶太仓。”《苏州府志》（乾隆刊本）云：“吴肃，《来鹤亭稿》《既白轩稿》《番禺稿》《竹州稿》《归田稿》。”吴肃乃吕肃之误，吕肃即吕诚。钱大昕《补元史艺文志》著录“吕诚《来鹤亭诗》一卷，又《补遗》一卷，又《番禺稿》一卷，又《既白轩稿》一卷，又《竹州归田稿》一卷”，是也。而倪灿编《辽金元艺文志》，既著录“吕诚《来鹤亭诗》一卷、又《补遗》一卷”，又著录“吕肃《来鹤亭稿》、又《既白轩稿》、又《番禺稿》、又《竹州归田稿》”，不知吕肃即吕诚也。故钱大昕指摘其失云：“吕诚，一名肃，亦误分为二。”今断为“吕诚一、名肃”，大误。

主要参考文献

（依音序排列）

B

白孔六帖，唐·白居易、宋·孔传，上海古籍出版社 1992 年

碑别字新编，秦公，文物出版社 1985 年

本草纲目，明·李时珍，中国书店 1988 年

C

草木子，明·叶子奇，中华书局 1959 年

草书大字典，中国书店影印本 1983 年

称谓录，清·梁章钜，天津市古籍书店 1987 年

楚辞异文辨证，黄灵庚，中州古籍出版社 2000 年

初学记，唐·徐坚等，中华书局 1962 年

春秋左传注，杨伯峻，中华书局 1990 年

D

大唐新语，唐·刘肃，中华书局 1984 年

大正新修大藏经，日本大正一切经刊行会 1992 — 1993 年

大字典论稿，周志锋，浙江教育出版社 1998 年

戴震全书，清·戴震，黄山书社 1997
读书杂志，清·王念孙，中国书店 1985 年
敦煌俗字研究，张涌泉，上海教育出版社 1996 年

E

尔雅义疏，清·郝懿行，中国书店 1982 年
二十五史，上海古籍出版社、上海书店 1986 年

F

法苑珠林，唐·道世，上海古籍出版社 1991 年
方言笺疏，清·钱绎，上海古籍出版社 1984 年
佛学大辞典，丁福保，上海书店出版社 1991 年

G

改并五音类聚四声篇，金·韩道昭，《四库存目丛书》影印明成化七年募刻本
干禄字书，唐·颜元孙，清乾隆六年朱振祖抄本
古文四声韵，宋·夏竦，《字典汇编》本
古逸丛书，清·黎庶昌辑，江苏古籍出版社 2002 年
故训汇纂，宗福邦等，商务印书馆 2003 年
广雅疏证，清·王念孙，中华书局 1983 年
广韵，宋·陈彭年，中国书店影印张氏泽存堂本 1982 年
广韵丛考，葛信益，北京师范大学出版社 1993 年
广韵校本，周祖谟，中华书局 2004 年

广韵校录，黄侃，中华书局 2006 年

H

汗简，宋·郭忠恕，《字典汇编》本

汉书，汉·班固，中华书局 1962 年

汉书补注，清·王先谦，中华书局 1983 年

汉语大词典，罗竹风等，汉语大词典出版社 1990 — 1993 年

汉语大字典，徐中舒等，湖北辞书出版社、四川辞书出版社 1986—1990 年

汉语大字典（第二版），汉语大字典编辑委员会，四川出版集团等 2010 年

汉语俗字丛考，张涌泉，中华书局 2000 年

汉语俗字研究，张涌泉，岳麓书社 1995 年

后汉书，南朝宋·范晔，中华书局 1965 年

J

集韵，宋·丁度，中国书店影印扬州使院重刻本 1983 年又金州军本、明州本、宋刻本等

校订五音集韵，宁忌浮，中华书局 1992 年

金石萃编，清·王昶，中国书店 1985 年

锦绣万花谷，宋·佚名，上海辞书出版社 1992 年

经义述闻，清·王引之，清人注疏十三经附中华书局 1998 年

旧唐书，后晋·刘昫等，中华书局点校本 1975 年

K

康熙字典，清·张玉书等，中华书局 1958 年

康熙字典音读订误，王力，中华书局 1988 年

可洪音义研究，韩小荆，巴蜀书社 2009 年

楷书部件演变研究，梁春胜，线装书局 2012 年

楷书异体俗体例字表，梁春胜，未刊

L

类篇，宋·司马光，上海古籍出版社影印汲古阁影宋抄本 1988 年

隶辨，清·顾蔼吉，中华书局影印清康熙五十七年刻本

隶释隶续，宋·洪适，中华书局 1986 年

六臣注文选，南朝梁·萧统编、唐·李善等注，上海古籍出版社 1993 年

龙龛手镜（朝鲜本），日本影印朝鲜咸化八年增订本

龙龛手镜，辽·释行均，中华书局影印高丽本 1985 年又《续古逸丛书》本

龙龛手镜研究，郑贤章，湖南师范大学出版社 2004 年

论衡校笺，杨宝忠，河北教育出版社 1999 年

N

南村辍耕录，明·陶宗仪，中华书局 1959 年

P

篇海类编，旧题明·宋濂，《四库存目丛书》影印北京图书馆藏明刻本

Q

奇姓通，明·夏树芳，《四库存目丛书》影印明天启四年刻本

全唐诗，上海古籍出版社 1986 年

R

日知录集释，清·顾炎武著、黄汝成集释，上海古籍出版社 1985 年

S

三国志，晋·陈寿，中华书局 1959 年

山海经校注，袁珂，上海古籍出版社 1980 年

十驾斋养新录，清·钱大昕，上海书店 1983 年

十三经注疏，清·阮元校刻，中华书局 1980 年

史记，汉·司马迁，中华书局 1959 年

释名疏证补，清·王先谦，上海古籍出版社 1984 年

说郛三种，明·陶宗仪，上海古籍出版社 1988 年

说文解字，汉·许慎，中华书局 1963 年

说文解字系传，南唐·徐锴，中华书局 1987 年

说文解字义证，清·桂馥，齐鲁书社 1987 年

说文解字注，清·段玉裁，上海古籍出版社 1981 年

说文通训定声，清 · 朱骏声，武汉市古籍书店 1983 年

四库全书，商务印书馆影印文津阁本 2005 年

四库全书，台湾商务印书馆影印文渊阁本 1983 年

四库全书总目提要，清 · 永瑢等，中华书局 1965 年

隋书，唐 · 魏徵等，中华书局 1973 年

T

太平广记，宋 · 李昉等，上海古籍出版社 1990 年

太平御览，宋 · 李昉等，中华书局 1960 年

唐抄文选集注汇存，上海古籍出版社 2000 年

唐五代韵书集存，周祖谟，中华书局 1983 年

唐写全本王仁昫刊谬补缺切韵校笺，龙宇纯，图鸿制版印刷公司 1968 年。

通雅，明 · 方以智，上海古籍出版社《方以智全书》本 1988 年

通志二十略，宋 · 郑樵，中华书局 1995 年

W

文选，南朝梁 · 萧统编、唐 · 李善注，中华书局 1977 年

文字学概要，裘锡圭，商务印书馆 1988 年

五侯鲭字海，《四库存目丛书》本

五杂组，明 · 谢肇淛，上海书店出版社 2001 年

X

详校篇海，明 · 李登，《续修四库全书》影印明万历三十六

年赵新盘刻本
新集藏经音义随函录，五代·可洪，中华书局《中华大藏经》本 1993 年。
新集藏经音义随函录研究，郑贤章，湖南师范大学出版社 2007 年
新校互注宋本广韵，余迺永，上海辞书出版社 2000 年
新校经史海篇直音，明·佚名，《续修四库全书》影印明嘉靖二十三年刻本
新唐书，宋·欧阳修、宋祁等，中华书局点校本 1975 年
新修絫音引证群籍玉篇（简称《新修玉篇》），金·邢准，《续修四库全书》影印金刻本
新撰字镜，〔日〕昌住，京都帝国大学文学部国语学国文学研究室编《古典索引丛刊》本
续古逸丛书，张元济辑，江苸古籍出版社 2001 年
续一切经音义，辽·释希麟，上海古籍出版社 1986 年

Y

颜氏家训集解，王利器，中华书局 1993 年
一切经音义，唐·释慧琳，上海古籍出版社 1986 年
一切经音义，唐·释玄应，金藏广胜寺本、明永乐南藏本
疑难字考释与研究，杨宝忠，中华书局 2005 年
疑难字三考，杨宝忠，中华书局 2018 年
疑难字续考，杨宝忠，中华书局 2011 年

艺文类聚，唐·欧阳询，上海古籍出版社 1965 年

音韵日月灯，明·吕维祺,《续修四库全书》影印明崇祯六年刻本

游宦纪闻，宋·张世南，中华书局 1981 年

酉阳杂俎，唐·段成式，中华书局 1981 年

玉篇，南朝梁·顾野王,《续修四库全书》影印《日本东方文化丛书》本

玉篇，宋·陈彭年等重修，中国书店影印张氏泽存堂本 1983 年

玉篇校释，胡吉宣，上海古籍出版社 1989 年

云笈七签，宋·张君房，书目文献出版社 1992 年

云麓漫抄，宋·赵彦卫，中华书局 1996 年

Z

增订碑别字，罗振鋆、罗振玉，文字改革出版社 1958 年影印本

正字通，明·张自烈、清·廖文英,《续修四库全书》本

直音篇，明·章黼,《续修四库全书》影印明万历三十四年明德书院刻本

中华大藏经，中华书局 1993 年

中华佛典集成，团结出版社 1996 年

中华字海，冷玉龙等，中华书局、中国友谊出版公司 1994 年

诸子集成，中华书局 1954 年

篆隶万象名义,〔日〕释空海，中华书局缩印《日本崇文丛书》本 1995 年

资治通鉴，宋·司马光，上海古籍出版社 1987 年

《资治通鉴》标点斠例，吕叔湘，收入《吕叔湘全集》卷九，辽宁教育出版社 2002 年

字典考正，邓福禄等，湖北人民出版社 2007 年

字汇，明·梅膺祚,《续修四库全书》本

字汇补，清·吴任臣,《续修四库全书》本